HANNA DIETZ

WARUM HABE ICH MICH DAS NICHT FRÜHER GEFRAGT?

HANNA DIETZ

WARUM HABE ICH MICH DAS NICHT FRÜHER GEFRAGT?

Inklusive der Fragen, die du dir niemals stellen solltest!

44 ehrliche Fragen, die dein Leben verbessern

mvgverlag

Bibliografische Information der Deutschen Nationalbibliothek
Die Deutsche Nationalbibliothek verzeichnet diese Publikation in der Deutschen Nationalbibliografie. Detaillierte bibliografische Daten sind im Internet über http://dnb.d-nb.de abrufbar.

Für Fragen und Anregungen
info@mvg-verlag.de

Wichtiger Hinweis:
Ausschließlich zum Zweck der besseren Lesbarkeit wurde auf eine genderspezifische Schreibweise sowie eine Mehrfachbezeichnung verzichtet. Alle personenbezogenen Bezeichnungen sind somit geschlechtsneutral zu verstehen.

Originalausgabe
1. Auflage 2024
© 2024 by mvg Verlag, ein Imprint der Münchner Verlagsgruppe GmbH
Türkenstraße 89
80799 München
Tel.: 089 651285-0
Fax: 089 652096

Redaktion: Anja Hilgarth
Umschlaggestaltung: Maria Verdorfer
Umschlagabbildung: shutterstock.com/Guz Anna
Satz: Satzwerk Huber, Germering
Druck: CPI books GmbH, Leck
Printed in the EU

ISBN Print 978-3-7474-0585-7
ISBN E-Book (PDF) 978-3-96121-987-2
ISBN E-Book (EPUB, Mobi) 978-3-96121-988-9

Weitere Informationen zum Verlag finden Sie unter

www.mvg-verlag.de
Beachten Sie auch unsere weiteren Verlage unter www.m-vg.de

INHALT

EINLEITUNG

Auf die Idee, mit den richtigen Fragen mein Leben zu verbessern, kam ich an einem Mittwoch. An einem desaströsen Mittwoch.

Morgens hatte ich meiner Tochter den falschen Käse aufs Pausenbrot gelegt, was sie mit ihrem Mama-rafft-mal-wieder-gar-nichts-Blick quittierte. Dann musste ich mich über meine Schwägerin ärgern, die textete, dass sie bei dem Gemeinschaftsgeschenk für die Schwiegereltern doch nicht mitmachen würden. Dabei hatte ich den Gutschein für das Sternerestaurant schon gekauft. Und mein Rad hätte ich auch aufpumpen müssen, merkte ich auf dem Weg in die Redaktion.

Ich brauchte erst mal einen Kaffee. Weil bisher noch keiner die Maschine angeschmissen hatte, setzte ich eine Kanne auf. Meine Kollegin Jasmin kam in die Küche, als er gerade durchgelaufen war, und ließ sich von mir einschenken. »Bisschen dünn geworden«, sagte sie nach dem ersten Schluck und nahm einen Anruf auf dem Handy entgegen, bevor ich etwas erwidern konnte. In der Konferenz ging es um die Beiträge, die unser Sender für den Journalistenpreis der Stadt einreichen sollte. Mein Kollege Dirk posaunte sofort herum, wie großartig seine Investigativreportage über den

Korruptionsskandal bei den Stadtwerken sei. So wie er sich lobte, hätte man meinen können, er hätte den Nobelpreis für Journalismus schon in der Tasche. Aber ich rechnete mir auch gute Chancen aus mit meinem Film über die Freiwilligenagentur, die Leute ins Ehrenamt vermittelt. Ich stellte darin einen Syrer, eine Afghanin und einen querschnittgelähmten Deutschen vor, die zusammen eine Hausaufgabenbetreuung aufgebaut hatten. Bildungspolitik, Brennpunktproblematik, Integrationserfolge – und am Ende so rührend bei der Zeugnisübergabe. Harte Fakten und große Emotionen in einem Beitrag. Noch nie war ich so überzeugt, einen Journalistenpreis verdient zu haben. Anja sollte mich auf der Konferenz für den Preis vorschlagen – das schien mir eleganter, als es selbst zu tun. Leider war Anja noch nicht da. Volontär Youssef stellte noch ein paar Fragen an Dirk, meine Chefin blätterte in den Unterlagen, ich schielte zur Tür. Anja kam nicht. »Okay, kein Problem«, dachte ich, »stelle ich meinen Beitrag eben selbst vor.« Ich meldete mich zu Wort und fing an, von meinen Protagonisten zu sprechen.

Dirk unterbrach mich nach wenigen Sätzen: »Das ist aber nicht woke.«

»Ha, ha«, sagte ich, weil ich dachte, er machte einen Witz. »Also, der Syrer …«

»Ich finde, um wirklich aktuell zu sein, müsstest du mindestens eine queere Person drin haben«, warf Dirk ein. »Oder einen Transmenschen.« Er sah aus, als ob er es tatsächlich ernst meinte.

»Aber ich habe Flüchtlinge und einen Mann im Rollstuhl«, offenbar musste ich mich verteidigen. »Da geht es natürlich auch um Vorurteile gegenüber Minderheiten.«

Dirk zuckte mit den Schultern. »Das Thema Rassismus wird in deinem Beitrag nicht explizit thematisiert.«

Ich fing an, mich aufzuregen. »Ach, und wo ist dein Beitrag über die Stadtwerke woke?«

»Mein Beitrag braucht nicht woke zu sein«, befand Dirk. »Ich decke einen Skandal auf. Das reicht.«

Ich war so perplex über Dirks Bemerkungen, dass ich mich erst mal wieder fangen musste und kurz schwieg. Offensichtlich dachte die Chefin, ich sei fertig. »Okay, Leute«, sagte sie, während sie schon ihre Sachen zusammenraffte. »Wir reichen Dirks Beitrag ein und Hannas Beitrag gucke ich mir noch mal an.« Sie stand auf und ging raus. Dirk grinste selbstzufrieden und stürmte der Chefin hinterher, um ihr noch irgendetwas zu sagen.

»Dirk ist so unverschämt! Der hat mich wieder total aus dem Konzept gebracht«, regte ich mich auf, als ich abends meinem Mann von der Konferenz erzählte.

»Du hast dich wieder aus dem Konzept bringen lassen«, korrigierte mein Mann und pikte mit skeptischer Miene seine Gabel in den Auberginenauflauf, der trotz rezeptgenauer Backzeit nicht richtig gar geworden war.

»Aber doch nur, weil der immer so dreist dazwischenquatscht«, entrüstete ich mich. »Wenigstens hab ich ihn später noch ordentlich angebrüllt.« Nur in meinem Kopf natürlich. In Wahrheit hatte ich ihm bloß mit stechendem Blick ein Loch in seine Stirn gebohrt und mir sein Gesicht vorgestellt, wenn ich den Preis gewinne.

»Du hast ihn angebrüllt?«, fragte mein Mann. »Weil er seinen Beitrag richtig beworben hat und du deinen nicht?«

»Das sollte ja auch eigentlich Anja machen«, brummte ich. »Echt, sie ist so unzuverlässig.« Noch während ich das sagte, übermannte mich das schlechte Gewissen. Denn Anja war diejenige, die ich nachher wirklich angemotzt hatte. Dabei war sie nur zu spät gekommen, weil ihre Bahnlinie ausgefallen war. Und ich hatte sie wirklich heftig angemeckert, ausgerechnet meine liebe, lustige Freundin! Anstatt meinen Ärger an denjenigen auszulassen, die es verdient hatten. Wobei ich mir auf einmal gar nicht mehr sicher war, wer das überhaupt sein sollte. Außer mir. Ich starrte auf das fast ungenießbare Essen. »Oh mein Gott«, jammerte ich. »Warum mache ich nur immer alles falsch?« Ja, und so fing es an.

Mit einer der Fragen, die man sich niemals stellen sollte.

WER, WIE, WAS BIN ICH EIGENTLICH UND WIESO, WESHALB, WARUM?

SESAMSTRASSENFEELING IM ICHKUNDEUNTERRICHT

Der desaströse Mittwoch hat mich aus der Bahn geworfen. Zu viele Stressfaktoren auf einmal. Einzeln betrachtet waren es vielleicht Kleinigkeiten. Aber wenn sie sich verbünden, machen sie mich platt. Jetzt könnte ich sagen, das Leben ist halt so. Jeder kennt solche Tage, an denen alles schiefläuft und man kaum Luft holen kann, und dann fällt abends noch das WLAN aus und man kann nicht mal *Love is blind* gucken. Doch wenn man schlecht schläft, beginnt der nächste Tag auch nicht besser als der vorige, man ist immer ein bisschen hinterher, das Hamsterrad hat einen mal wieder erwischt. Und der Urlaub ist erst in zwei Monaten. Eine grauenhaft lange Zeit, wenn das Nervenkostüm schon zerschlissen ist. Ich persönlich finde auch, dass es kein gutes Geschäftsmodell ist, auf den Urlaub angewiesen zu sein, um den Alltag zu überstehen. Diese Rechnung geht nicht auf. Da bleibt am Ende ein riesiges Zufriedenheitsdefizit. Ich möchte nicht nur die Auszeit genießen, sondern auch die Jetztzeit. Ich muss was tun. Aber was?

Im Alltag gibt es viele Situationen, die einem sauer aufstoßen können. Der Anruf der Lehrerin des Kindes, der Besuch bei den Eltern, die Auseinandersetzung mit der Kollegin, das Gespräch mit dem Nachbarn – all das kann unangenehme Folgen haben. Und mit der Arbeit bin ich heute auch nicht fertig geworden, auf dem Nachhauseweg hat mich ein idiotischer Raser gefährlich überholt und die Küche sieht schon wieder aus wie nach einem Angriff der Wühlmäuse.

Wenn ich abends erschöpft aufs Sofa falle, ist die ganze Aufregung des Tages zu einem dumpfen Gefühlsklumpen verklebt, der mir schwer im Magen liegt. Ich bin all dem nicht gewachsen, denke ich manchmal. Das Leben überfordert mich. Ich möchte alles hinschmeißen und auf den Äußeren Hebriden Schafe züchten gehen. Aber diese Lösung ist ungefähr genauso empfehlenswert wie die, bei einer Nahrungsmittelunverträglichkeit gar nichts mehr zu essen. Viel sinnvoller ist es, herauszufinden, welche Nahrungsmittel man nicht verträgt. Oder – im Fall von Alltagsunverträglichkeit – die genauen Stressfaktoren zu bestimmen, die einen besonders belasten. Dann kann ich sie meiden. Oder versuchen, mit ihnen besser umzugehen. Dafür muss ich meine Schwachstellen kennenlernen. Oder anders gesagt: Ich muss *mich* besser kennenlernen.

Obwohl ich mich ja schon mein Leben lang begleite, bin ich manchmal immer noch erstaunt, wie wenig ich über mich weiß. Auch wenn ich *glaube*, mich in- und auswendig zu kennen. Zum Beispiel weiß ich natürlich, dass ich mich von Hektik anstecken lasse und sehr kreativ bin und bei jeder beknackten Trash-Show bei emotionalen Szenen heule, dass ich gerne Zimtschnecken backe und schwimmen gehe und keine Horrorfilme mag und grünen Tee trinke und Rotwein aus Apulien. Ja, meine Vorlieben und Abneigungen kenne ich. Die werden auch täglich sichtbar. Aber vieles von dem, was darunter liegt, muss ich erst freilegen. Warum ich mich so verhalte, wie ich mich verhalte. Oder warum ich mich in bestimmten Situationen so fühle, wie ich mich fühle. Woher soll ich das wissen, wenn ich mich damit noch nie beschäftigt habe?

Das herauszufinden, ist eine ganz neue Erfahrung, aufregend und spannend. Was ich als Erwachsene noch alles an mir entdecken kann!

Wenn ich anfange, über mich selbst nachzudenken, fördert das einige erstaunliche Informationen zutage. Informationen, die dazu beitragen, meine Gefühle und mein Handeln besser zu verstehen und mein Leben entspannter und erfüllter zu gestalten. Wie heißt es so schön: Selbsterkenntnis ist der erste Schritt zur Besserung.

Und wie lerne ich mich besser kennen?

Genau damit – indem ich mir Fragen stelle.

Und zwar die richtigen.

Dazu gehören definitiv nicht als Fragen getarnte Vorwürfe. Schon gar nicht der All-inclusive-Tadel »Warum mache ich nur immer alles falsch?«. Der stammt eindeutig aus der Kategorie der *Fragen, die ich mir nicht stellen sollte*. Was will ich darauf antworten? »Weil ich bescheuert bin? Eine Versagerin auf ganzer Linie? Ein hoffnungsloser Fall?«

Das Ich-mach-immer-alles-falsch-Jammertal ist zwar auf den ersten Blick ganz hübsch: ausgestattet mit jeder Menge kuscheligem Selbstmitleid, dem einen oder anderen Eimer Pistazieneis und der Genehmigung, anderen Leuten ausdauernd sein Leid zu klagen. Aber leider ist es auch eine Sackgasse. Erreichen kann man von hier aus nichts, die Nachbarschaft ist trübselig und die Aussicht auf Dauer ziemlich eintönig. Also nichts wie weg von hier!

Ich will ja vorankommen. Mich weiterentwickeln. Nicht jedes Mal beim Servieren über den Tigerkopf stolpern. Für das Publikum von *Dinner for one* ein Brüller, im echten Leben nicht komisch. Mein »Tigerkopf« sind unter anderem die Bemerkungen von Dirk in der Konferenz, die mich jedes Mal aus dem Konzept bringen. Aber immer wieder und wieder in dieselben Fallen zu tappen, ist ermüdend und frustrierend. Aber eben auch unausweichlich, wenn ich meine Route und meine Routinen nicht ändere.

Wenn du tust, was du schon immer getan hast, wirst du bekommen, was du immer bekommen hast, hat Abraham Lincoln gesagt.

Probleme kann man niemals mit derselben Denkweise lösen, durch die sie entstanden sind, hat Albert Einstein erkannt.

Man könnte es kürzer formulieren: Gleiches Denken, gleiches Ergebnis. Gleiches Handeln, gleiches Ergebnis.

Dabei geht es oft gar nicht um große Veränderungen. Manchmal reicht es schon, einen Schritt zur Seite zu gehen, um dem Hindernis auszuweichen. (Oder das olle Tigerfell einfach zu entsorgen.)

Obwohl Interviews zu meinem Alltag als Journalistin gehören, bin ich noch nie auf die Idee gekommen, mich selbst zu interviewen. Natürlich stelle ich mir trotzdem täglich haufenweise Fragen. Sachen wie: Habe ich das nicht eben erst geputzt? Muss ich wirklich schon wieder zum Zahnarzt? Waren in den Chipstüten nicht früher immer 175 Gramm und jetzt nur noch 150?

Ich bin ständig im Dialog mit mir. Aber in der Regel geht es um Alltagsfragen ohne Bedeutung für mein Seelenleben. Obwohl der schleichende Inhaltsschwund bei Chipstüten natürlich ein Aufregerthema ist.

Wenn ich wirklich etwas Neues über mich erfahren will, dann muss ich mir Fragen stellen, die ich mir bisher nicht gestellt habe. Und ich muss mir Antworten geben, vor denen ich bisher vielleicht zurückgescheut bin. Man könnte es auch so formulieren: Was ich mich schon immer fragen wollte, aber nie zu fragen (und zu antworten) getraut habe.

Schließlich geht es nicht nur um oberflächliche Entscheidungen, welches Shirt ich anziehen oder was ich heute kochen soll. Sondern darum, individuelle Stressfaktoren zu identifizieren, Handlungsmuster und Denkfallen zu erkennen. Dinge, über die ich bisher noch nie oder höchstens sehr flüchtig nachgedacht habe. Um (zumindest teilweise) unbewusste Vorgänge. Verkapselte, verschleierte, übertünchte Gefühle, die ich vielleicht gar nicht haben möchte. Unangenehme Gedanken, die Aufruhr in mein Leben bringen könnten. Die Beziehungen infrage stellen, mich zum Handeln zwingen und alles auf den Kopf stellen könnten. Aber eben auch um Erkenntnisse, die eine große Ruhe mit sich bringen können. Die mir die Augen öffnen für all die positiven Dinge, die schon immer da waren, die ich aber noch nie wahrgenommen habe. Die mir helfen, wahrhaftig mit mir ins Reine zu kommen.

Wenn ich mich selbst besser verstehe, wenn ich weiß, warum ich so handele, wie ich handele, und warum ich mich so fühle, wie ich mich fühle, kann ich unangenehmen Situationen souveräner begegnen. Ich kann ihnen vorbeugen und mich wappnen. Strategien entwickeln. Ich bekomme mehr Verständnis für mich – und für die Menschen in meinem Umfeld, die mit meinen Eigenheiten umgehen müssen. Und mit diesem Verständnis kann ich nachsichtiger sein. Mit mir – und mit anderen.

In der Journalistenschule lernt man, dass man sich in persönlichen Interviews mit Leuten, die das nicht gewohnt sind, behutsam rantasten muss. Mit vorbereitenden Fragen die Atmosphäre lockern, Vertrauen aufbauen und sich dem Kern nähern. Das Gespräch mit der alles entscheidenden Frage zu eröffnen, ist oft nicht zielführend, weil der Interviewpartner sich schnell überfordert fühlt und dichtmacht. Oder die Unterhaltung abbricht. Genauso behutsam sollte ich mich mir selbst nähern.

Ein Fragenkatalog hilft, beim Thema zu bleiben und zum roten Faden zurückkehren zu können. Denn Interviews laufen leicht in eine falsche Richtung, zum Beispiel wenn der Gesprächspartner ablenkt, eine ganz andere Frage beantwortet oder die Wahrheit zurückhält. Das kann auch passieren, wenn ich mich selbst befrage. Denn nichts ist einfacher, als sich selbst zu belügen. Besonders wenn es darum geht, warum ich handele, wie ich handele, und warum ich mich fühle, wie ich mich fühle. Da schlage ich mir sehr schnell selbst ein Schnippchen und kann nicht mal was dafür. Die menschliche Psyche hat etliche Tricks auf Lager, um sich selbst was vorzumachen. Ist normal. Tun wir alle an irgendeinem Punkt.

Und natürlich gibt es Fragen, denen ich lieber ausweichen möchte. Weil sie schwierig zu beantworten sind. Weil die ehrliche Antwort unter einem Wust an Emotionen, Gedanken und Sorgen verborgen ist. Und weil es wehtut, wenn man sie gefunden hat. Wie eine Nadel im Heuhaufen, an der man sich böse stechen kann.

Aber das Beruhigende bei diesem Interview mit dem eigenen Ich ist: Es wird nicht landesweit live ausgestrahlt. Wenn ich rumstammele oder Unsinn rede, bekommt es keiner mit. Ich kann jederzeit Pause machen. Oder das Interview abbrechen. Und niemand wird jemals von meinen Antworten erfahren, wenn ich sie nicht freiwillig erzähle.

Es gibt keine dummen Fragen, hat meine Lehrerin Frau Schmalbach immer gesagt. (Jedenfalls bis Gerd Powlanski wissen wollte, ob das braune Farbkastenwasser wie Kakao schmeckt.) Und auch im Ichkundeunterricht gibt es keine dummen Fragen. Ich kann getrost *Wer-wie-was-wieso-weshalb-warum-* Sesamstraßenfeeling verbreiten. Und in diesem Buch wird es sogar noch besser: Hier gibt es auch keine dummen Antworten. Denn ich kann die Fragen an mich selbst gar nicht falsch beantworten.

MUSS ICH MICH ÜBERHAUPT ÄNDERN?

Ganz klares Nein! Niemand muss sich ändern. Jeder kann bleiben, wie er ist. Es gibt keine gesetzliche Verpflichtung zur persönlichen Weiterentwicklung. Ich kann mein ganzes Leben im Jammertal verbringen oder im Hamsterrad oder im La-La-Land. Ich bin darüber niemandem Rechenschaft schuldig. Und wenn es mir dort gefällt, gibt es auch keinerlei Notwendigkeit, irgendwas zu ändern.

Ob und wie und wann und warum ich mich mit meinem Verhalten, meinen Gefühlen und Gedanken auseinandersetzen will und ob und wie und wann und warum ich daraus irgendwelche Konsequenzen ziehen möchte, liegt ganz in meiner Hand.

Jeder Mensch ist anders, tickt anders, hat andere Erfahrungen und persönliche Lebenssituationen – aber vor allem hat jeder das Recht, aus seinem Leben zu machen, was er will.

Aber es schadet meiner Meinung nach nicht, sich selbst besser kennenzulernen. Und vielleicht das eine oder andere zu optimieren. Auch das habe ich selbst in der Hand. Ich kann selbst dafür sorgen, dass ich entspannter und zufriedener bin, auch wenn es mal hektisch und unangenehm wird. Dafür muss ich nicht mal mein ganzes Leben umkrempeln. Ich muss weder zum Yogi werden oder mit Marathonlaufen anfangen noch meinen Job kündigen oder den Kontakt zu meiner gesamten nervtötenden Verwandtschaft abbrechen.

In der kalten Jahreszeit kaufe ich mir ja auch nicht gleich ein neues Auto. Aber ich rüste mein altes um und ziehe Winterreifen auf, um auf nassen und glatten Straßen nicht ins Schlingern zu geraten. Wenn es im Alltag mal stürmisch wird, braucht auch die Seele Winterreifen – und ein an die Bedingungen angepasstes Navigieren.

1.

WIE GEHT ES MIR?

BITTE VERLASSEN SIE JETZT DIE FLOSKELZONE!

Die Frage »Wie geht es mir?« klingt wie eine Selbstverständlichkeit, schließlich begegnen wir ihr im Alltag andauernd. »Wie geht es dir?« ist der Klassiker unter den Floskelfragen, ein Zwischending zwischen Begrüßungsritual und Small-Talk-Einstieg. Eine ehrliche Erwiderung wird in der Regel nicht erwartet. Die Antworten stammen in der Regel aus dem Reich der Phrasen: »Am liebsten gut« oder »So weit, so gut« oder – auch sehr beliebt – die direkte Gegenfrage »Und bei euch?«.

Eine ehrliche Antwort darauf würde die meisten auch überfordern. Ich will jedenfalls nicht in der Teeküche dem Kollegen aus der Buchhaltung mein persönliches Dilemma des Tages aufs Auge drücken. Genauso wenig möchte ich von der Kellnerin in meinem Lieblingscafé die drei Akte ihres Beziehungsdramas präsentiert bekommen. Oder von der Klassenpflegschaftsvorsitzenden an der Käsetheke in alle Einzelheiten der Suche nach einem Hundesitter eingeweiht werden, die sich so schwierig gestaltet, weil ihr Mann ständig dazwischenfunkt und potenzielle Bewerber mit nörgeliger Besserwisserei vergrätzt, was ihrer Migräne gar nicht guttut, die sie neuerdings bekommt, vermutlich die Wechseljahre.

Womit auch schon klar wird: Eine ehrliche, umfassende Antwort ist meistens viel zu lang, zu detailreich und für andere auch nicht immer nachvollziehbar. Fast so, als würde ich versuchen, jemandem mal eben den Stammbaum meiner Familie mütterlicherseits bis ins siebzehnte Jahrhundert zu erklären.

Die Frage »Wie geht es dir?« ist deswegen zwar allgegenwärtig, aber meistens kaum mehr als eine leere Worthülse. Wir wischen sie beiseite, ohne weiter darüber nachzudenken. Weswegen wir leicht vergessen, uns diese Frage selbst zu stellen – und sie auch tatsächlich ehrlich und umfassend zu beantworten.

Jedenfalls gibt es zu viele Leute, die jahrelang behaupten (und auch glauben), ihnen ginge es gut, bis sie mit Burn-out beim Therapeuten vorstellig oder wegen Herzinfarkt ins Krankenhaus eingeliefert werden.

Was natürlich nicht nur daran liegt, dass diese Frage nicht ernst genommen wird, sondern auch, dass wir es manchmal einfach nicht wahrhaben wollen, wie es tatsächlich um uns steht. Ich habe immer noch vor Augen, wie mich damals der Kinderarzt meines neun Monate alten Sohnes fragte, wie es mir damit gehe, jede Nacht alle paar Stunden zu stillen. Ich habe fröhlich und voller Überzeugung gesagt: »Mir geht es gut damit!« Bis ich ein paar Tage später schwindelig vor Müdigkeit auf einer weggestrampelten Socke ausgerutscht bin und gemerkt habe: Gar nix geht gut mit dem dauernden Schlafentzug. Ich bin ein nervliches Wrack! Warum habe ich das nicht früher gemerkt? Weil ich mich tatsächlich nicht danach gefragt habe!

»Wie geht es mir?« ist ein guter Auftakt für ein Interview mit mir selbst. Wenn ich mit mir ernsthaft in Dialog gehen möchte, sollte ich mir dafür genügend Zeit nehmen. Eine ruhige Minute abwarten und nicht zwischen dem Anruf bei der Versicherung und dem Ausstreuen von Schneckenkorn in die kläglichen Überreste der Dahlien mal eben schnell überlegen, wie ich mich heute gerade fühle. Ich will mir ja keine Floskelantwort geben, sondern eine richtige. Da lohnt es sich, ein bisschen über die Frage nachzudenken.

Hilfreich ist, mich auf einer Skala einzuordnen: *Wie geht es mir auf einer Skala von 1 bis 10?*

1	Nicht auszuhalten
2	Es muss ganz dringend anders werden
3	Verbesserungsbedürftig
4	Nicht wirklich gut
5	Mittelprächtig
6	Ganz okay
7	Gut
8	Sehr gut
9	Top!
10	Besser geht es nicht

Dann kann ich mich den einzelnen Lebensbereichen zuwenden und überlegen, wo ich eventuell unzufrieden oder gestresst bin:

Familie, Partnerschaft, Hausarbeit, Arbeit, Beziehungen zu wichtigen Leuten, Freizeitgestaltung …

Bei dieser Frage geht es nur um eine Bestandsaufnahme. Ursachenforschung zu betreiben oder nach Lösungen zu suchen, kann ich auf später verschieben. Es reicht, wenn ich erst einmal weiß, wo alles im grünen Bereich ist, wo es Luft nach oben gibt und welche Baustellen dringend bearbeitet werden sollten.

Obwohl die Frage, wie es mir geht, substanziell und wichtig ist, reicht es aus, wenn ich sie mir ab und zu stelle. Übertriebene Selbstbeobachtung und vor allem das ständige Bewerten der eigenen Befindlichkeiten können sich zum Stressfaktor entwickeln. Deswegen: Ab und zu eine Bestandsaufnahme machen, das Terrain abstecken, wo ich eventuell unzufrieden bin, und mich dann wieder anderen Dingen widmen.

2.

BIN ICH SO NETT ZU MIR WIE ZU ANDEREN?

EINE SELBSTFÜRSORGEVERSICHERUNG BRAUCHT JEDER

Meine Freundin Daniela ist eine der meistbeschäftigten Frauen der Welt. Neben ihrem Job sorgt sie für Haus und Garten und zwei Kinder. Wobei Sohn Lukas jetzt in Amerika ist, aber von Daniela jede Woche mit einem liebevoll gestalteten Newsletter und gelegentlich mit einem Carepaket mit seinem Lieblingsessen versorgt wird. Dafür muss sie ihre Tochter ständig durch die Gegend kutschieren zu diversen Freizeitaktivitäten. Dazu kocht sie jeden Tag leckere Sachen und backt Brot und zieht ihr eigenes Gemüse. Ich fand ihr Pensum bisher schon übermenschlich. Und jetzt ist auch noch Danielas Schwiegermutter krank geworden, um die sie sich rührend kümmert. Als ich sie neulich traf, sah Daniela ziemlich abgespannt aus. Ich sagte ihr, wie nett das von ihr wäre, was sie alles für andere macht. »Das ist doch selbstverständlich«, antwortete sie und lächelte tapfer.

»Und wie geht es dir?«, fragte ich.

»Gut, gut«, sagte sie schnell. »Hab schon drei Kilo abgenommen, weil ich kaum noch zum Essen komme.« Sie lachte und ich suchte in ihren eingefallenen Wangen den Erfolg dieser Meldung. »Pass auf dich auf«, sagte ich zum Abschied.

So selbstverständlich es ist, für andere zu sorgen, so merkwürdig fühlt es sich an, die gleiche Fürsorge sich selbst gegenüber an den Tag zu legen. Dabei ist Selbstfürsorge extrem wichtig. Manchmal sogar lebenswichtig.

Bei den Sicherheitseinweisungen im Flugzeug wird jedes Mal erklärt, dass man bei einem Druckabfall die herausfallende Sauerstoffmaske aufziehen soll. Und zwar in der Reihenfolge: Ziehen Sie *zuerst sich selbst* die Maske auf und helfen Sie dann anderen.

Als ich das auf unserem ersten Flug mit den Kindern gehört habe, habe ich mich gewundert. Mein Impuls wäre auf jeden Fall gewesen, mich erst um meine Kinder zu kümmern. Aber das ist in diesem Fall eben nicht sinnvoll. Warum? Ganz einfach: *weil ich anderen nicht helfen kann, wenn ich keine Luft bekomme.* Und das gilt auch fürs echte Leben. Wenn mein Akku leer ist, habe ich auch keine Energie mehr für andere.

Deswegen sollte ich auch im Alltag ab und zu überprüfen, ob ich zu mir genauso nett bin wie zu anderen. So finde ich heraus, wie es um meine Selbstfürsorge bestellt ist. Genauso wichtig sind diese Fragen:

- Behandele ich mich so respektvoll wie andere?
- Sind mir meine Bedürfnisse genauso wichtig wie die von anderen?
- Nehme ich mir die Zeit für mich, die ich anderen zugestehe?
- Bin ich so geduldig mit mir wie mit anderen?
- Verlange ich mehr von mir als von anderen?
- Verzeihe ich mir genauso schnell wie anderen?

Ich weiß von mir, dass ich meine eigenen Handlungen und Aussagen strenger beurteile als die von meinen Mitmenschen. So wie ich auf einem Gruppenfoto erst einmal nach mir suche, um sofort zu überlegen, ob ich wirklich so ein Doppelkinn habe oder ob das nur ein Schatten ist – und du meine Güte, das kann man doch nicht Frisur nennen! Die anderen auf dem Foto sind natürlich alle hübsch oder zumindest normal. Genauso nachsichtig wie mit den Fotos von anderen bin ich auch mit ihrem Verhalten: Wenn einer im Team einen unsinnigen Vorschlag macht, finde ich das überhaupt nicht schlimm. Wenn ich den unsinnigen Vorschlag gemacht habe, knabbere ich lange daran und schelte mich dafür. Ziemlich unfair mir gegenüber! Denn: *Wenn ich andere nett behandele, sollte ich auch nett zu mir sein.*

Als Anja mich fragte, ob ich endlich mit der Chefin wegen des Beitrags für den Journalistenpreis gesprochen habe, sackten meine Schultern runter. »Nee, noch nicht«, gab ich zu. Und bevor Anja das kommentieren konnte, sagte ich schnell: »Ja, ich weiß. Ich bin manchmal echt bescheuert.«

»Deine Worte, nicht meine«, murmelte Anja.

Auch das ist ein guter Gradmesser: Wie rede ich über mich selbst? Welche Worte benutze ich für mich? Würde ich sie auch anderen gegenüber verwenden? Auch das ist ein Ausdruck für die Achtsamkeit und den Respekt, den ich mir selbst entgegenbringe.

Es gibt ein altes Sprichwort:
Was du nicht willst, das man dir tu,
das füg auch keinem anderen zu.

Ich würde es gerne umdichten in:
Was du willst, das man anderen tu,
das gönn dir auch selbst, mindestens ab und zu.

3.

WAS WILL ICH?

ORIENTIERUNG IM DSCHUNGEL DER MÖGLICHKEITEN

An der Wursttheke werde ich am Ende des Einkaufs immer gefragt, ob ich noch Wünsche habe. Das finde ich sehr nett von den Verkäufern, denn ich habe viele Wünsche. Nur leider bekomme ich die meisten davon nicht zwischen Leberwurst und Mett erfüllt. Oder habe ich den Lotto-Jackpot hier irgendwo übersehen?

Wünsche zu haben, ist die leichte Übung. Ein Ziel zu formulieren, ist dagegen viel schwieriger. Manchmal sogar bei den banalsten Problemen.

Meine Kinder zum Beispiel antworten auf die Frage, was sie trinken wollen, gerne mit »Weiß nicht«. Dann ertappe ich mich oft dabei, den Spruch zu sagen, den ich als Kind auch schon gehört habe: »*Weiß nicht* haben wir nicht.«

Nichtwissen ist allgegenwärtig.

Bist du gut auf die Klausur vorbereitet?

Weiß nicht. Glaub schon.

Was kommt denn dran?

Weiß nicht.

Hat der Englischlehrer nichts gesagt?

Weiß nicht. Glaub nicht.

Wo möchtest du dein Berufspraktikum machen?

Weiß nicht.

Was möchtest du mal werden?

Keine Ahnung.

Was käme denn infrage?

Ein Gap-Year?

Nur wenn man sie fragt, ob sie spazieren gehen wollen, ist die Antwort klar: »Nein. Auf keinen Fall.«

Zu wissen, was ich will, ist zwar in den meisten Lebensbereichen eine Notwendigkeit, trotzdem fällt es uns oft schwer, unseren Willen oder ein Ziel zu formulieren. Das liegt an verschiedenen Faktoren: an diversen inneren und äußeren Widerständen. (Mehr dazu im Kapitel »*Was hält mich davon ab?*«.) Aber auch daran, dass wir vor lauter Pflicht oft die Kür vergessen. Jeden Tag erledigen wir so vieles, was wir uns nicht freiwillig aussuchen würden. Es fängt ja mit der Schule an. Da bekommen wir schon beigebracht, dass man nicht wollen darf, sondern müssen muss. Vokabeln lernen, Formeln pauken, Referate halten. Im Laufe des Lebens kommt noch mehr dazu. Versicherungen abschließen, Müll rausbringen, die Berechnung fertig machen, Abendessen kochen, Wäsche waschen, zur Darmspiegelung gehen – es stellt sich nie die Frage, ob ich das will. Und so spulen wir unser Programm herunter und überlegen höchstens zwischendurch, wohin wir dieses Jahr in den Urlaub fahren möchten. Und wenn wir Glück haben (und die finanziellen Mittel), haben wir die Qual der Wahl zwischen Südtirol und Mallorca – oder Portugal oder Holland oder doch endlich mal nach Schweden?

Die Vielzahl an Möglichkeiten ist manchmal lähmend.

Die Welt steht uns in so vielen Bereichen offen, jede Art von Lebensentwurf ist möglich. Schon beim Einkaufen werde ich manchmal von dem Angebot überwältigt und stehe acht Minuten vor dem Kühlregal und wäge ab, welchen Joghurt ich haben möchte. Und bei den Ausbildungsmöglichkeiten, die Schulabsolventen heute zur Auswahl stehen, finde ich es fast normal, mit einem hilflosen »Weiß noch nicht« zu antworten. Je größer und vielfältiger die Auswahl, desto schwieriger die Entscheidung. Was also will ich?

WAS WILL ICH NICHT?

Um herauszufinden, was ich will, ist es eine gute Methode, die Frage von hinten aufzuzäumen. Denn bevor wir wissen, was wir wollen, wissen wir oft viel schneller, *was wir nicht wollen.*

Wir brauchen zum Beispiel ein neues Sofa. Unser altes ähnelt mittlerweile einer Sonderausstellung für abstrakte Klecksmalerei und 3-D-Blob-Painting mit verschiedenen Materialien.

Mit einer ungefähren Vorstellung davon, wie unser neues Sofa aussehen soll, sind wir an mehreren Wochenenden durch die Möbelhäuser gestreift. Eines haben wir gefunden, das eventuell infrage käme, bei dem wir uns aber nicht sicher waren. Aber wir haben unzählige Sofas gesehen, von denen wir sofort wussten: Das wollen wir auf keinen Fall. Kein Leder, keine hellen Farben, keine dünnen Beine, keine Schlafsofas, keins in Curry, Braun oder Grün, kein Kolonialstil und auch nichts in Zebra- oder Leopardenoptik. Jetzt haben wir die Suche auf anthrazitfarbene Sofalandschaften mit herausfahrbarem Fußteil eingeschränkt, was die Zahl der Möglichkeiten auf überschaubare 67.543 Sofas reduziert hat. (Zahl geschätzt.)

Beim Definieren von Zielen ist es also manchmal leichter, mit der Gegenteilfrage anzufangen: *Was will ich nicht?*

<u>Beispiel Job:</u> Bevor ich mir klar darüber werde, ob ich vielleicht eine Projektleitung annehmen will oder mich in eine andere Abteilung bewerben soll, gibt es viele Dinge, über die ich gar nicht lange nachdenken muss. Ich will nicht dauernd Überstunden machen. Ich will nicht, dass das Team über meinen Kopf entscheidet.

Ich will nicht drei Leute vertreten, nur weil die Urlaubsplanung schlecht gemacht worden ist. Ich will nicht immer die Spülmaschine in der Teeküche ausräumen. Ich will keine starren Arbeitszeiten haben.

Beispiel Privatleben: Ich will nicht die ganze Hausarbeit alleine machen. Ich will nicht noch mal diesen nervigen Bekannten meines Mitbewohners einladen. Ich will nicht, dass meine Freundin das Toastbrot offen herumliegen lässt. Ich will nicht, dass die Kinder beim Essen aufs Handy gucken. Ich will nicht die finanzielle Verantwortung für eine Familie alleine tragen. Ich will nicht, dass meine Mutter mir ungefragt Ratschläge gibt. Ich will nicht, dass mein Freund mich ständig unterbricht. Ich will nicht zu dieser langweiligen Veranstaltung gehen. Ich will mich nicht mit meinem Partner streiten. Ich will nicht krank werden.

Diese negativen Ziele zu formulieren, fällt in der Regel leicht. Und sie sind auch sehr hilfreich bei der Orientierung im Dschungel der Möglichkeiten. Zum Beispiel bei der Jobsuche. Wenn ich weiß, was ich nicht will, scheiden manche Branchen oder Arbeitgeber von vornherein aus. Auch im Privatleben komme ich meinen Zielen leichter auf die Spur, wenn ich mir darüber klar geworden bin, was ich nicht möchte.

Um mich leichter in die Lage zu versetzen, positive Ziele formulieren zu können, hilft auch eine Unterteilung in die Lebensbereiche. Ganz nach dem Motto: *Um Antworten zu finden, muss man Fragen stellen. Um konkrete Antworten zu bekommen, muss man konkrete Fragen stellen.*

WAS WILL ICH IN BEZUG AUF ...?

Deswegen ist die Frage »Was will ich?« einfacher zu beantworten mit dem Zusatz: »Was will ich in Bezug auf ...«

- ... meine Gesundheit?
- ... meine Familie?
- ... meine Gewohnheiten?
- ... meinen Beruf?
- ... meine Freizeitgestaltung?
- ... mein Leben?
- ...?

Man kann diese Fragestellung noch um eine Zeitschiene erweitern. Was will ich *jetzt* und was *in ein paar Wochen/Monaten/Jahren* erreicht haben?

Leider ist es mit dem Definieren von Zielen nicht getan. Sonst wären wir alle Millionäre mit blendend weißen Zähnen und Idealgewicht, die sich nie mit ihrer Familie streiten und fließend Italienisch und Japanisch sprechen. Die Kunst besteht darin, ein Ziel auch umsetzen zu können.

WIE KANN ICH MEINE ZIELE UMSETZEN?

Hilfreich in dem Zusammenhang ist eine Technik aus der Managementtheorie: sich die sogenannten SMART-Ziele setzen, die der Ökonom Peter Drucker für das Projektmanagement entwickelt hat. Diese Methode wird heute in vielen Bereichen angewendet. SMART-Ziele sind ein Kriterienkatalog, der dazu dient, Ziele konkret zu formulieren und sie dadurch in Handlungen umsetzen zu können. SMART bedeutet im Englischen nicht nur »clever«, sondern ist hier ein Akronym für die Begriffe: specific, measurable, achievable, reasonable, time-bound.

Es gibt dazu verschiedene Übersetzungen bzw. Interpretationen auf Deutsch. In den meisten Fällen steht SMART für: spezifisch, messbar, attraktiv, realistisch, terminiert.

Wie muss ich also ein Ziel formulieren, damit es den SMART-Kriterien entspricht?

Nehmen wir das Beispiel: Ich will mehr Sport treiben.

Es ist klar, was damit gemeint ist. *Eigentlich.* Denn die Umsetzung bleibt schwierig, wenn die Formulierung so unspezifisch ist. Weil es unzählige Sport- und Bewegungsmöglichkeiten gibt – und jeder auch was anderes darunter versteht. Für manche bedeutet »Sport treiben«, einen Halbmarathon zu laufen oder schwere Gewichte zu stemmen, für andere sind fünfzehn Minuten Gymnastik schon Sport oder die Radtour zum nächsten Blumengeschäft.

Solange ich nicht weiß, was ich genau möchte, bleibt es bei dem allgemeinen Wunsch. Ich muss also zunächst überlegen, welche Sportart für mich infrage kommt. Will ich Kraftsport machen, Kampfsport, Ausdauersport, Mannschaftssport, was mit Bällen oder ohne, draußen oder drinnen, mit festen Terminen oder einem individuellen Zeitplan? Wie viele Kilometer bin ich bereit zu einem Sportangebot zu fahren? Welches Budget und wie viel Zeit stehen mir zur Verfügung?

Ich habe mir also eine Sportart ausgesucht, die zu mir passt. Sagen wir mal: Tennis. Ein spezifisches Ziel. Messbar ist es auch, denn ich weiß, wann und wie oft ich zum Tennisplatz fahre. Attraktiv ist es, weil es mir Spaß macht. Jedenfalls solange ich mir ein realistisches Ziel setze. Wenn ich einen Sieg in Wimbledon einplane, wird es vermutlich eine enttäuschende Sportlerkarriere. Sich vorzunehmen, zum Ende der Saison ein Spiel gegen die Vereinskollegin zu gewinnen, kann dagegen motivieren.

So zerlege ich ein Ziel in einen Plan, den ich in die Tat umsetzen kann. Und ein in die Tat umgesetzter Plan ist ein Erfolgserlebnis. Das macht uns froh.

Denn noch effektiver als Wollen ist Machen.

Noch ein Beispiel: das Ziel »Ich will mehr Zeit für mich«. Auch sehr nachvollziehbar und eigentlich klar, was damit gemeint ist. Nur – wieso bekomme ich das nicht hin? Wieso gleite ich von Pflicht zu Pflicht durch den Alltag, und das Ziel von der Me-Time bleibt ein schöner Traum?

Weil »Ich will mehr Zeit für mich« weder spezifisch noch messbar noch terminiert ist.

Viel leichter wird es, wenn ich sage:

Ich will jeden Tag eine Viertelstunde meditieren.

Ich will einmal in der Woche meine Freundin treffen.

Ich will mittwochabends zum Italienischkurs.

Ich will mich nach jedem Mittagessen mit einem Kaffee auf die Terrasse setzen.

Ich will am Wochenende eine Stunde Zeit haben für mein Bastelprojekt.

Mit dieser konkreten Umsetzung vor Augen fällt es mir leichter, aus einem Willen eine Handlung zu machen.

Wenn ich weiß, was ich will, kann ich es erreichen.

Wenn ich weiß, was ich nicht will, kann ich es verhindern.

Wenn ich nicht weiß, was ich will oder nicht will, verliere ich die Orientierung.

4.

WAS IST MEINE

MOTIVATION?

PIRATENSCHATZ ODER SCHEIDUNG

In der Theorie des fiktiven Schreibens gibt es eine Methode zur Entwicklung von spannenden Figuren. Dazu muss ich als Autorin überlegen: Was ist das äußere, das sichtbare Ziel der Figur, das sie mit ihren Handlungen in der Geschichte verfolgt? Und was ist das unbewusste Ziel, das sie eigentlich erreichen möchte, obwohl sie davon (zunächst) nichts ahnt?

Zum Beispiel:
Troy will der erfolgreichste Börsenmakler der Welt werden und ein Supermodel heiraten, aber eigentlich möchte er seine Jugendliebe zurückgewinnen, die ihn damals wegen eines blöden Angebers hat sitzenlassen. (Der Zuschauer durchschaut das natürlich sofort, aber Troy kapiert es nicht, weil er ständig auf die Aktienkurse glotzt und dicke Autos kaufen geht.)

Oder:
Anna setzt alles daran, den Piratenschatz auf einer karibischen Insel zu finden, aber eigentlich will sie sich von ihrem kontrollsüchtigen Ehemann befreien. Und natürlich ist auch der knurrige Fischersmann, der ihr die Tauchausrüstung leiht, ziemlich sexy. (Ja, ich weiß, das gehört zu einer anderen Abteilung des kreativen Schreibens.)

In den Romanen und Filmen weiß die Figur nichts über ihre unbewussten Bedürfnisse, bis sie vor die Wahl gestellt wird und sich für das eine oder das andere entscheiden muss. (In manchen Geschichten bekommt die Heldin am Ende doch beides, den Piratenschatz und die Freiheit, ein Happy End de luxe sozusagen.)

Warum erzähle ich das? Weil es auch im normalen Leben verschiedene Triebfedern für unser Verhalten gibt – Gründe, die uns dazu bringen, Ziele zu setzen und zu verfolgen, über die wir uns manchmal gar nicht im Klaren sind. Da es sich bei den meisten Biografien nicht um Blockbuster handelt, sind allerdings weder die bewussten noch die unbewussten Ziele der meisten Menschen filmreif.

Der Plot *Mann kauft sich überdimensionierten Pick-up (um seinen älteren Bruder zu übertrumpfen, der ihm als Kind immer das Kettcar abgenommen hat)* verspricht jedenfalls keine langen Schlangen an der Kinokasse.

Frau geht nach der Arbeit todmüde noch mit den Kollegen in die Kneipe (um ihren Ruf als Spaßkanone nicht zu verlieren) – auch bei diesem Pitch würde Netflix wohl kaum anrufen.

Für die große Bühne sind diese Themen nicht geeignet, dennoch sind sie interessant. Zumindest, wenn sie das eigene Leben betreffen.

Es lohnt sich also, mir genauer zu überlegen, warum ich etwas eigentlich machen will. Manchmal finde ich meine Motivation auch eher heraus, wenn ich mich frage: *Für wen* mache ich das? Denn sehr viele Aktionen und Handlungen sind darauf gerichtet, andere zu beeindrucken. Anerkennung zu erlangen, ist für die meisten Leute eine sehr starke Triebfeder. Und das selbst bei kleinen, alltäglichen Handlungen.

Ich bin zum Beispiel jemand, der sehr gerne alles schon erledigt hat, bevor meine Familie nach Hause kommt. Ich warte nicht auf Hilfe und ich frage nicht nach Hilfe. Ich mache Frühstück und hole Brötchen, bevor einer meiner Lieblingsmenschen aufsteht. Ich schleppe drei Raummeter Holz alleine von der Garageneinfahrt hinters Haus und verschiebe das nicht, bis mein Mann von der Arbeit kommt. Es allein geschafft zu haben, finde ich gut. Alles allein fertig gemacht zu haben, freut mich. Und natürlich freut es mich, wenn die anderen sich freuen, dass sie die Arbeit nicht mehr machen müssen. Wofür ich dann Dankbarkeit bekomme. Was das fleißige Bienchen in mir beglückt.

Doch dann habe ich mal überlegt, warum es mir so ein Bedürfnis ist, alles selbst zu erledigen. Nach einigem Nachdenken bin ich darauf gekommen, dass mir Selbstständigkeit schon als kleines Kind Lob eingebracht hat. »Oh, die Hanna kann das schon allein«, hieß es, wenn ich irgendwas bewältigt hatte. Das hat mich bestärkt.

Diese Eigenschaft ist einerseits sehr nützlich und hilfreich, weil sie mich unabhängig macht. Ich brauche keinen Antrieb von außen, um meine Ziele zu verfolgen. Ich brauche keinen Vertrag im Fitnessstudio, um Sport zu machen, ich brauche keinen Chef, um meine Arbeit pünktlich abzugeben. Ich kann das schon allein, immer noch. In anderen Situationen jedoch ist es nicht so gut. Denn natürlich kann es sich zu einem großen Stressfaktor entwickeln, alles allein schaffen zu wollen. Und wer mal drei Raummeter Holz geschleppt hat, weiß, wovon ich rede.

Anerkennung bekommen zu wollen, ist ein ganz normales Bedürfnis. Wenn ich für mich rausfinden will, was mein unbewusster Ansporn ist, kann ich überlegen, wofür es als Kind Lob und Anerkennung gab. Für gute Noten? Für sportliche Leistungen? Für hübsches Aussehen? Für gesunde Ernährung? Für Hilfe im Haushalt? Für die Versorgung von Geschwistern? Für lustige Sprüche? Für Mitarbeit im Familienbetrieb? Für Hilfsbereitschaft? Für Großzügigkeit? Für

Dreistigkeit und Rücksichtslosigkeit? Für waghalsige Aktionen? Für eine bestimmte politische Einstellung? Dafür, dass man Mama in Ruhe gelassen oder Papa beim Werkeln geholfen hat?

Vielleicht komme ich so auf interessante Erkenntnisse und kann mir manches Verhalten besser erklären.

Natürlich gibt es noch haufenweise andere Motivationen, die uns antreiben, irgendwelche Dinge zu tun. Wenn ich ehrlich zu mir bin, finde ich meine Triebfeder irgendwann.

- Will ich beim Schulfest helfen, weil ich hilfsbereit bin, oder hoffe ich insgeheim, dass die Lehrer wegen meines Engagements mein Kind besser benoten?
- Will ich selbst, dass es so sauber ist in meinem Haus, oder mache ich mir Gedanken, was meine Eltern denken könnten, falls sie überraschend zu Besuch kommen?
- Sag ich etwas, weil ich davon überzeugt bin oder um meinem Gesprächspartner zu gefallen?
- Will ich mir nur für mich Botox spritzen lassen, oder habe ich Angst, dass mein Mann mich für eine Jüngere verlässt?
- Will ich nicht um Hilfe bitten, weil es mir nichts ausmacht, die Arbeit zu erledigen – oder will ich mein Alleinstellungsmerkmal behalten und die Einzige sein, die es kann? (Wenn jemand anders es auch könnte, wäre ich vielleicht nicht mehr so wichtig.)
- Will ich wirklich den Familienbetrieb übernehmen oder nur meine Mutter nicht enttäuschen?
- Gehe ich zum Jazzfestival, weil ich die Musik mag oder weil ich anderen erzählen möchte, dass ich beim Jazzfestival war?

- Mache ich die waghalsige Expedition, weil mich das Abenteuer lockt oder um damit bei meiner Clique Eindruck zu schinden?
- Arbeite ich so viel, weil mir meine Karriere so wichtig ist oder weil ich der Spannung zu Hause entfliehen möchte?

Solange es mir gut geht, muss ich nicht jede meiner Motivationen hinterfragen. Erst wenn ich merke, dass etwas in die falsche Richtung geht, dass es mir nicht gut geht, ist es vielleicht an der Zeit für eine Veränderung. Dazu ist es hilfreich, wenn ich weiß, warum ich so handele, wie ich handele.

5.

WAS HÄLT MICH
DAVON AB?

AUFWÄRMÜBUNG FÜRS SCHATTENSPRINGEN

Maike arbeitet als Sachbearbeiterin im Bundesverwaltungsamt und träumt seit Jahren davon, Tapetendesignerin zu werden. Sie zeichnet wunderschöne Landschaften mit Tieren und Blumen und blühenden Bäumen. Wenn sie mir wieder mal etwas zeigt, bestärke ich sie, sich bei einem Tapetenhersteller vorzustellen. »Das mache ich auch«, sagt Maike entschlossen, »wenn die Entwürfe gut genug sind.« Ich schlage vor, dass sie vielleicht mit einem Praktikum bei einer Tapetenfirma Erfahrungen sammeln und Kontakte knüpfen könnte. »Dafür bin ich doch zu alt«, wehrt sie ab. »Außerdem habe ich kein Grafikstudium. Und ich kann mir dafür auch keinen Urlaub nehmen, weil sonst ja keine Zeit mehr für unseren Familienurlaub ist.«

Dagegen kann ich nicht argumentieren. »Dann bewirb dich so mit deinen Entwürfen«, ermuntere ich sie erneut, und sie sagt, wieder einmal: »Mach ich auch. Wenn sie gut genug sind.«

Ich seufze innerlich immer noch über Maikes Zögern, als ich mir zu Hause einen Tee mache und dabei mein Blick aus dem Küchenfenster auf den Slogan *Jede Wurst ein Treffer – Fleischerei Faltinek* fällt. Das steht auf dem neuen Lieferwagen vom Nachbarn, den er vor unserem Haus abstellt anstatt vor seinem. Was ich verstehen kann. Er guckt auch lieber aufs Feld als auf einen Metzger mit Knubbelnase, der fröhlich ein Schwein umarmt. »Ich muss den Nachbarn dringend bitten, den Wagen woanders zu parken«, nehme ich mir in der Situation immer vor. Aber wenn ich ihn dann sehe, denke ich, vielleicht kapiert er es ja doch von selbst, und grüße ihn nur freundlich.

Ein Ziel zu formulieren und trotzdem nichts dafür zu tun, um es zu erreichen, ist eine weitverbreitete Sache. Gründe, etwas nicht zu tun, gibt es unzählige. Und je größer uns der Widerstand erscheint, desto schneller lassen wir uns von unserem Ziel abbringen. Natürlich kennen wir alle die Beschwichtigungen, mit denen wir uns weismachen, es wäre okay, sein Ziel nicht zu verfolgen. (Siehe auch das Kapitel »*Was ist eigentlich die Wahrheit?*«.) Die Rechtfertigungen erscheinen uns logisch und überzeugend. Zurück bleibt die dumpfe Enttäuschung, etwas zu verpassen, nicht für seine Bedürfnisse einzustehen oder sein Leben mit irgendeinem Job zu verplempern, obwohl man doch japanische Kirschblüten auf deutschen Wohnzimmerwänden erblühen lassen wollte.

Wie schade!

Bevor wir also bereit sind, einen Lebenstraum oder den Ausblick aus dem Küchenfenster aufzugeben, lohnt es, sich einen Überblick zu verschaffen, was und wer uns eigentlich genau daran hindert, unsere Vorhaben Wirklichkeit werden zu lassen,

Auch hier kann ich eine Methode aus der Schreibtheorie zur Hilfe nehmen, um zu veranschaulichen, welche oppositionellen Kräfte auf uns einwirken. Das können ganz schön viele sein!

Robert McKee beschreibt in seinem Buch *Story – Die Prinzipien des Drehbuchschreibens* drei Konfliktebenen: innere Konflikte, persönliche Konflikte und außerpersönliche Konflikte.[1]

Die inneren Konflikte betreffen alles, was in meinem Kopf und in meinem Körper stattfindet: Gedanken, Wahrnehmungen, Gefühle und körperliche Vorgänge.

Die körperlichen Vorgänge sind am einfachsten nachzuvollziehen und in manchen Fällen nicht beeinflussbar: Wenn ich am liebsten Pilotin werden möchte, aber extrem kurzsichtig bin, muss ich mir einen anderen Beruf suchen.

Ich würde supergerne tauchen, habe aber Probleme mit den Ohren – also kommt es nicht infrage.

Etwas anderes ist es, wenn mein Wunsch, den Watzmann zu besteigen, an meiner mangelnden Kondition scheitert. Die kann ich beeinflussen, indem ich trainiere.

Wenn ich das Training nicht aufnehme, können weitere innere Konflikte vorliegen, die mich davon abhalten. Meine Bequemlichkeit zum Beispiel oder Angst vor dem Scheitern.

Mir können auch persönliche Konflikte dazwischenfunken, zum Beispiel, wenn meine Partnerin es nicht gut findet, dass ich meine Freizeit mit Sport verbringen möchte anstatt mit ihr.

Bei persönlichen Konflikten bekommen wir Widerstand von Personen in unserem näheren Umfeld.

Das kann der Partner sein, die Eltern, die Kinder oder Freunde, die auf unseren Wunsch ablehnend oder kritisch reagieren. Aber auch der Chef oder Kollegen können uns dazwischenfunken und uns allerhand Ärger beim Durchsetzen unserer Ziele machen.

Die dritte Kategorie sind die außerpersönlichen Konflikte. *Sie liegen vor, wenn uns die Umwelt oder die Gesellschaft, Gesetze oder Institutionen im Weg stehen.*

Zum Beispiel könnte mein Wandertraining ausfallen, weil es an meinem Wohnort mitten in der Stadt keine Berge gibt. (Wobei das ehrlich gesagt wie eine Ausrede klingt. Wenn ich wirklich auf den Watzmann will, finde ich eine Lösung. Ich könnte auf dem Laufband meine Kondition trainieren und am Wochenende in die Berge fahren, wenn es mir ernst ist. Vielleicht liegt also doch ein innerer Konflikt vor.)

Natürlich gibt es auch außerpersönliche Konflikte, die nicht zu überwinden sind. Wenn alle Zufahrtstraßen durch einen Erdrutsch gesperrt sind, kann ich die Reise zum Watzmann nicht antreten. Wenn ich kein Visum für die USA bekomme, dann fällt der New-York-Trip auch ins Wasser.

Außerpersönliche Konflikte werden gerne als Rechtfertigung instrumentalisiert. Das Wetter ist zu schlecht, um joggen zu gehen. Ich kann dem Nachbarn jetzt nicht die Meinung sagen, sonst komme ich zu spät zur Arbeit. Kann alles sein – aber damit wird oft der Kern des Konflikts übertüncht. Denn der größte Widersacher, den es in meinem Leben gibt, der mit erstaunlichem Erfolg immer wieder meine Ziele und Wünsche vereitelt, bin ich selbst. Ich bin Hauptfigur und Gegenspieler in einer Person.

Wenn Maike ihre wunderschönen Tapetendesigns nicht bei einem Tapetenhersteller einreicht, kann sie niemals Tapetendesignerin werden. Sie reicht sie nicht ein, aus Angst vor Ablehnung. Die ist real. (Ich habe keine Ahnung, wie die Chancen stehen, als Tapetendesignerin erfolgreich zu werden. Aber ich vermute, dass es nicht einfach ist, wenn man nicht Guido Maria Kretschmer oder Barbara Schöneberger heißt.)

Sich nicht aus der Deckung zu wagen und im Stillen von dem Erfolg zu träumen, bewahrt Maike also vielleicht vor einer (einmaligen) negativen Erfahrung. Aber es beraubt sie auch (dauerhaft) der Möglichkeit, sich ihren Traum zu erfüllen.

Abwägen, was für ihr Leben das größere Risiko ist, muss Maike allein.

Mich hält eine mögliche negative Reaktion des Nachbarn davon ab, ihn auf seinen Lieferwagen anzusprechen. Er könnte gereizt, genervt oder aggressiv reagieren. Oder hinter meinem Rücken über mich lästern, und dann würden sicher bald alle Nachbarn schlecht über mich denken, und vielleicht zerkratzt dann einer mein Auto und stopft Hundekacke in meine Tonne und der Nachbarschaftsterror geht los und wir müssen irgendwann wegziehen. Und bevor ich aus meinem Haus vertrieben werde, halte ich es doch aus, dass ich nicht mehr aufs Feld gucken kann, pff, natürlich!

Die Suche nach Anerkennung ist ein sehr starker Motor für das eigene Verhalten. Angst vor Ablehnung wirkt dagegen wie eine Bremse. Sie führt dazu, dass wir Situationen vermeiden – was uns oft gar nicht bewusst ist.

Andere Ängste, die uns limitieren, kennen wir jedoch. Wer Flugangst hat, fährt mit dem Auto in den Urlaub. Wer Höhenangst hat, steigt nicht ins Riesenrad. Diese Ängste belasten uns in der Regel nicht. Sie sind sowohl nachvollziehbar als auch gesellschaftlich anerkannt und betreffen nur wenige Situationen, denen man leicht aus dem Weg gehen kann. In Europa ist es sehr schön. Und der Verzicht auf den Hochseilgarten gehört auch nicht in die Top Ten der Krisensituationen.

Die Angst vor Ablehnung verrichtet dagegen oft unbemerkt, aber sehr wirkungsvoll ihr Werk. Sie steht uns in vielen Bereichen im Wege.

- Ich lasse mir das bevormundende Verhalten von Freundinnen gefallen, weil ich Angst habe, sie könnten sich abwenden.
- Ich nehme die anzüglichen Bemerkungen von Kollegen hin, weil ich Angst habe, als Zicke oder Weichei zu gelten.
- Ich gehe mit auf die gesperrte Skipiste, um nicht uncool zu wirken.
- Ich bewerbe mich nicht um den interessanten freien Posten, damit ich gar nicht erst abgelehnt werden kann.

- Ich halte mich in der Teamsitzung mit Ideen zurück, weil sie kritisiert werden könnten.
- Ich zögere, dem Journalistinnen-Stammtisch vorzuschlagen, dass wir uns beim nächsten Mal beim Tibeter treffen sollen. Falls sich die Küche des Himalaya als Flop entpuppt, will ich nicht für meine Empfehlung verantwortlich gemacht werden.

Unsere Politiker kann ich nur bewundern, dass sie diesen Job machen trotz der vielen Kritik und Anfeindungen, die ihnen entgegenschlagen. Man muss schon ein spezielles Charaktergerüst haben, um das auszuhalten! Auch jeder Vorgesetzte muss in Kauf nehmen, unangenehme Entscheidungen zu treffen, die bei der Belegschaft nicht gut ankommen. Dafür muss das Fell dick genug sein. Das ist bei vielen nicht so. Die meisten Menschen tun nämlich fast alles, um Protest, Widerstand, Abfuhr oder Kritik zu vermeiden.

Denn das kann passieren, wenn ich meinen Willen kundtue. Ein klares Ziel zu formulieren, bedeutet, eine Entscheidung zu treffen. Für Entscheidungen trage ich Verantwortung. Sie machen mich angreifbar. Wenn die Entscheidung sich als (objektiv) falsch herausstellt, fühle ich mich schlecht. (Außer ich heiße Donald Trump.) Wenn die Entscheidung von anderen (subjektiv) als falsch bewertet wird und ich auf Ablehnung stoße, fühle ich mich auch schlecht. (Außer ich heiße Donald Trump.)

Natürlich gibt es hier ganz individuelle Ausprägungen. Manchen macht eine negative Bemerkung wenig aus, andere stürzt die kleinste Kritik in die Verzweiflung. Solange die negativen Konsequenzen zu groß erscheinen, gehe ich das Risiko nicht ein und verzichte lieber auf die Verwirklichung meiner Bedürfnisse, Wünsche und Ziele.

6.

WIE WAHRSCHEINLICH IST ES, DASS MEIN HANDELN SCHLIMME FOLGEN HAT?

MIT MATHEMATIK LEICHTER ÜBER DEN SCHATTEN SPRINGEN

Wenn ich mich zu einer Sache nicht überwinden kann, gilt land-läufig der Ratschlag, mir das Schlimmste auszumalen, was passieren könnte. Und ich wollte dieses Kapitel tatsächlich auch erst so nen-nen: *Was ist das Schlimmste, was passieren kann?* Um daraus abzulei-ten, dass selbst die schlimmsten Folgen nicht so schlimm sind und man getrost sein Ziel verfolgen kann. Aber dann habe ich gedacht, das Schlimmste, was passieren kann, wenn ich das Kapitel so nenne, ist, dass Sie mit den Augen rollen, mich für diesen idiotischen Ein-fall verfluchen und das Buch zerreißen.

Daran sieht man schon, dass die Worst-Case-Fragestellung nicht immer optimal ist. Ich brauche nicht mal übermäßige Fantasie, um mir furchtbare Folgen auszumalen, die mich von allem abhalten. Ich werde am Rednerpult ohnmächtig, mein peinlicher Auftritt geht viral, mein Ehemann verlässt mich, meine Eltern reden nie wieder mit mir, die Fähre geht unter, das Flugzeug stürzt ab, und am Ende kommt ein Meteorit, der die gesamte Menschheit auslöscht. Bleib ich besser auf dem Sofa und gucke *Bridgerton* und vergesse, dass ich jemals einen Wunsch, ein Bedürfnis oder ein Ziel hatte.

Dabei ist es doch so:

Extreme Folgen sind die Ausnahme.

Normale Folgen sind die Regel.

Was man auch an Versicherungstarifen sehen kann, die sich auf Risikoberechnungen stützen. Wenn Versicherungen immer vom Schlimmsten ausgehen würden, könnten wir alle unsere Tarife nicht mehr bezahlen. Die Versicherungsmathematiker berechnen zwar auch die Kosten für den schlimmsten Fall, kalkulieren aber gleich-zeitig die statistische Wahrscheinlichkeit ein, wie oft der schlimmste

Fall eintritt, in wie vielen Fällen es überhaupt keine negativen Folgen gibt und wie oft ein kleiner Schaden passiert. Mit dieser Risikoanalyse schaffen sie es, Gewinne zu erwirtschaften.

Das Leben besteht zwar nicht aus Statistiken, aber ein bisschen gedankliche Wahrscheinlichkeitsrechnung kann auch mir helfen, mein Risiko zu kalkulieren und damit den Schatten, über den ich springen muss, kleiner aussehen zu lassen.

Wenn ich also mal wieder mein eigener Bremsklotz bin, ist es sinnvoll, mir im ersten Schritt zu überlegen, was mich genau davon abhält, <u>Welche unangenehmen Folgen möchte ich vermeiden?</u>

Zum Beispiel:
- Ich würde meiner Mutter gerne sagen, dass mich ihre permanenten ungebetenen Ratschläge stören, fürchte aber, dass sie beleidigt reagieren könnte.

Für meine persönliche Wahrscheinlichkeitsrechnung überlege ich dann im zweiten Schritt: <u>Wie wahrscheinlich ist, dass die befürchteten Folgen tatsächlich eintreten?</u>

- Wenn meine Mutter sich bisher offen für Kritik gezeigt hat, ist die Wahrscheinlichkeit einer negativen Reaktion gering. Wenn meine Mutter sowieso leicht kränkbar ist, ist die Wahrscheinlichkeit hoch, dass sie eingeschnappt ist. Das kann sich auf verschiedene Arten äußern. Dass sie mit einer drastischen Maßnahme wie Kontaktabbruch reagieren wird, ist die absolute Ausnahme. Viel wahrscheinlicher ist, dass sie eine Zeit lang braucht, um den Vorwurf zu verarbeiten. In dieser Phase kann die Beziehung angespannt sein.

Im dritten Schritt frage ich mich: <u>Wie schlimm ist es tatsächlich, wenn die schlechte Variante eintritt?</u> Sind die Folgen wirklich so dramatisch, wie ich mir das ausmale? Oder kann ich damit nicht doch umgehen?

- Wenn meine Mutter ein paar Tage schmollt, ist das natürlich nicht schön. Aber für mich war die Situation vorher auch nicht angenehm, weil ich mich in jedem Gespräch mit ihr gestresst gefühlt habe. Kann ich das also aushalten, wenn meine Mutter vorübergehend beleidigt ist?

Und die letzte Frage ist: Welche positiven Folgen könnte mein Handeln haben?

- Meine Mutter versteht mein Problem und hört auf, sich dauernd in meine Angelegenheiten einzumischen. Das Problem hat sich erledigt und die Beziehung kann sich dadurch sogar verbessern.

Wenn ich Situationen so durchdenke, wenn ich die Wahrscheinlichkeiten für unangenehme Folgen berechne, die Risiken abwäge und mir den möglichen Gewinn vor Augen führe, schrumpft so mancher Schatten auf eine Größe, über die ich tatsächlich springen kann.

Noch ein paar Beispiele.
Als ich neulich spazieren ging, wollte ich den Weg über die Felder nehmen. Die Apfelbäume blühten und es sah so hübsch idyllisch aus. Bis auf den großen Hund, den ich am Rand eines Weizenfelds ohne Leine rumrennen sah. Ich zögerte. Die Begegnung mit dem Hund könnte unangenehm werden. Im schlimmsten Fall würde er

mich anfallen. Andererseits überlegte ich mir, wie oft ich in all den Jahrzehnten von einem Hund gebissen worden bin. *Null Mal.* Die Wahrscheinlichkeit, dass ich auch diesen Spaziergang unbeschadet überleben würde, war überwältigend groß. Also habe ich meine Angst überwunden und bin durchs Feld gegangen. Ich war stolz auf mich.

Wenn ich vor anderen nicht sprechen möchte, aus Angst, ausgelacht zu werden, überlege ich, wie wahrscheinlich es ist, dass mich das Publikum wirklich aktiv auslacht. Wenn man nicht gerade in einer Comedyveranstaltung sitzt, würde ich die Wahrscheinlichkeit für gering halten. Ich habe das jedenfalls noch nie mitbekommen. Viel wahrscheinlicher ist, dass die Zuhörer höflich bleiben, auch wenn ich keine brillante Rede halte. Die schlimmen Folgen, die mein Auftritt haben könnte, finden hauptsächlich in meinem Kopf statt.

Trotzdem vermeiden wir gerne Situationen, die ein Risiko bergen. Lieber verzichten wir auf einen möglichen Gewinn, als einen Konflikt zu riskieren. Dabei entgehen uns natürlich viele Erlebnisse und Chancen. Was sehr schade ist. Eine Kosten-Nutzen-Rechnung kann helfen, eine realistischere Einschätzung vorzunehmen.

7.

IST ES MIR DAS WERT?

DIE FORMEL FÜR EIN BESSERES LEBEN

Die Betriebswirtschaftslehre empfiehlt, vor jedem neuen Vorhaben eine Kosten-Nutzen-Analyse durchzuführen. Dabei werden Vorteile und Nachteile bewertet, um herauszufinden, ob sich eine Investition oder eine Vorgehensweise lohnt. Die voraussichtlichen Kosten und der Nutzen werden einander gegenübergestellt. Die Technik der Kosten-Nutzen-Analyse kann ich ebenfalls anwenden, wenn ich in meine Ich-AG investieren möchte und ein neues Vorhaben erwäge. So kann ich für mich einordnen, ob unterm Strich ein Mehrwert herauskommen kann.

Auch vor unangenehmen Gesprächen, zum Beispiel mit meiner Mutter, kann ich mich fragen:

Was kostet es mich, wenn ich mit meiner Mutter rede?
Kosten sind auf jeden Fall die unangenehmen Gefühle, die ich vor und während des Gesprächs verspüre. Ich habe Angst davor, einen Konflikt zu verursachen.

Was kostet es mich, wenn ich *nicht* mit meiner Mutter rede?
Ich leide weiter unter der Situation, dass sie sich ständig einmischt. Ich fühle mich weiterhin kontrolliert.

Was nutzt es mir, wenn ich *nicht* mir ihr rede?
Ich vermeide einen offenen Konflikt.

Was nutzt es mir, wenn ich mit ihr rede?
Ich beende den verborgenen Konflikt und kann das störende Verhalten dauerhaft abstellen.

Kosten (den offenen Konflikt) zu vermeiden, ist kurzfristig angenehmer. Langfristig allerdings zahle ich drauf, denn die ständige Einmischung verursacht in der Summe mehr Stress. Ich muss mir überlegen, ob es mir das wert ist: Soll ich eine einmalige unangenehme Situation aushalten oder ein dauerhaftes Problem hinnehmen? Bin ich bereit, die vorübergehende Ablehnung in Kauf zu nehmen, oder soll ich anhaltend mich selbst und meine Bedürfnisse ablehnen?

Die Sache mit diesem blöden Beitrag für den Journalistenpreis lag mir schwer im Magen. Jedes Mal wenn ich meine Chefin fragen wollte, ob sie meinen Film über die Freiwilligenagentur einreichen würde, kam irgendeine willkommene Ablenkung dazwischen. (Was natürlich eine Ausrede war.) Die Sache war langsam so lange her, dass es schon peinlich wurde. Also habe ich mir das auch mal durchgerechnet.

Was kostet es mich, die Chefin zu fragen?
Ich verursache einen inneren Konflikt, weil es mir widerstrebt, mich selbst in den Vordergrund zu spielen. Ich verursache einen persönlichen Konflikt, wenn die Chefin meine Bitte ablehnt.

Was kostet es mich, wenn ich sie nicht frage?
Die Unsicherheit ist unangenehm. Außerdem fühle ich mich blöd, weil ich mich nicht traue, so was Einfaches auf die Reihe zu kriegen.

Was nutzt es mir, wenn ich nicht mit ihr rede?
Ich vermeide einen Konflikt.

Was nutzt es mir, wenn ich mit ihr rede?
Ich überwinde meine Angst. Ich bekomme Klarheit. Ich muss nicht länger darüber nachdenken.

Im Nachhinein ist die Situation so lächerlich, dass ich mich frage, warum ich so lange gewartet habe. Ich bin in ihr Büro marschiert, habe sie direkt gefragt, und sie hat mich einen Moment über den Rand ihrer Tasse mit der Aufschrift *Hier kann jeder machen, was ich will* gemustert. Dann hat sie genickt und gesagt: »Gut, dass du mich daran erinnerst, ich hätte das sonst vergessen. Natürlich reiche ich ihn ein.«

Das Leben ist ein Basar und die Frage »Ist es mir das wert?« stellen wir uns jeden Tag in allen möglichen Situationen. Sie passt auf so viele Lebensbereiche und auf so gut wie jede Handlung. Die Kosten-Nutzen-Rechnungen fallen dabei individuell sehr verschieden aus.

Dem einen ist es wert, drei Stunden in der Küche zu stehen, um ein fulminantes Menü auf den Tisch zu bringen. Der andere kauft lieber ein Fertiggericht und sitzt auf dem Balkon. Die eine scheut keine Kosten und Mühen, um Harry Styles rund um den Globus nachzureisen, die andere würde höchstens zu einem Konzert gehen, wenn es um die Ecke stattfindet und sie eine Karte geschenkt bekommt. Der eine steht im Morgengrauen auf und wandert auf einen Berg, um einen spektakulären Sonnenaufgang zu sehen, der andere liegt lieber bis in die Puppen im Bett.

Ob eine Investition für mich gewinnbringend ist, ob sich eine Handlung lohnt, entscheide ich in meiner Ich-AG ganz allein. Allerdings muss ich mich auf eines gefasst machen: In die Kosten-Nutzen-

Analyse greift nämlich gerne jemand ein, um die Ergebnisse zu verfälschen: die eigene Psyche. Sie hat einige Taschenspielertricks auf Lager, mit der sie die Grundlage von Berechnungen durcheinanderwirbeln kann.

8.

WAS IST EIGENTLICH
DIE WAHRHEIT?

NICHTS IST SO EINFACH, WIE SICH SELBST ZU BELÜGEN

Jeden Tag lösen wir zig Probleme ganz automatisch, ohne dass wir es überhaupt bemerken. Indem wir sie uns schönreden und Rechtfertigungen finden, die unser Verhalten als alternativlos oder eine bestimmte Situation als nicht handlungsrelevant bewerten. *Wir beeinflussen die Kosten-Nutzen-Analyse so, dass sich im Ergebnis eine unangenehme Handlung (ein Konflikt, eine Veränderung von Gewohnheiten etc.) nicht lohnt.* Wie praktisch! Alles ist in Ordnung und kann so bleiben, wie es ist. Wir fühlen uns gut. Das ist doch die Hauptsache.

Der starke innere Drang, mit sich selbst im Reinen zu sein, ist ein interessanter psychologischer Mechanismus. Sozialpsychologen haben ihn in der sogenannten Dissonanztheorie erklärt. Erstmals beschrieben hat sie der amerikanische Psychologe Leon Festinger, der 1957 die Theorie der kognitiven Dissonanz aufstellte. Nach dieser Theorie erzeugen widersprüchliche Wahrnehmungen, Gedanken, Werte, Wünsche und Meinungen einen unangenehmen Gefühlszustand. Diese inneren Spannungen (Dissonanzen) möchte man so schnell wie möglich loswerden, um wieder ins innere Gleichgewicht zu kommen.[2]
Für die Auflösung der Spannungen (die sogenannte Dissonanzreduktion) gibt es verschiedene Möglichkeiten:
- Man kann sein Verhalten ändern, sodass es zur eigenen Einstellung/Meinung passt.
- Man kann die eigenen Einstellungen/Meinungen ändern, sodass sie zum Verhalten passen.

Wenn das nicht funktioniert, gibt es noch andere Möglichkeiten, sein Verhalten zu rechtfertigen. Sozialpsychologen haben zur Dissonanztheorie schon sehr viele Studien veröffentlicht. Sie ist sehr komplex und umfasst viele Bereiche. Ich finde die Theorie so interessant, weil sie überall im Alltag in Erscheinung treten kann. Mit diesem Wissen kann ich manche meiner Verhaltensweisen besser einordnen und überlegen: »Was ist eigentlich die Wahrheit?«

Neulich war ich mit Anja zum Walken verabredet. Ich lag noch auf dem Sofa, als sie anrief. »Hast du mal einen Blick auf die App geworfen?«, fragte sie. »Es soll gleich total heftig regnen.«

Ich linste aus dem Fenster und sah dunkle Wolken. »Ja, sieht tatsächlich nach Regen aus.«

»Also?«, fragte sie hoffnungsvoll.

»Also ziehen wir uns besser Regenjacken an«, sagte ich grinsend.

»Meinst du nicht, es wäre besser, das zu verschieben? Nachher erkälten wir uns noch.«

»Hm.«

»Wir könnten morgen gehen, dafür umso länger«, argumentierte Anja weiter.

»Ich müsste sowieso endlich mal den Küchenschrank ausmisten«, gab ich zu. »Und den Boden wischen.«

»Hausarbeit verbraucht auch viele Kalorien«, sagte Anja und klang abgelenkt. Ich hörte einen Blechdeckel aufspringen.

»Sehr viele«, antwortete ich. »Isst du etwa Kekse?«

»Natürlich. Morgen walken wir total lange. Außerdem muss ich die Dose leer machen, damit ich neue backen kann«, nuschelte Anja mit vollem Mund.

So kann Dissonanzreduktion in einer alltäglichen Situation aussehen. Dem Wunsch, walken zu gehen und damit etwas für meine Gesundheit tun, steht der Wunsch entgegen, bei dem schlechten

Wetter lieber zu Hause zu bleiben. Ich könnte mein Verhalten anpassen und mir eine Regenjacke anziehen. Oder eben meine Einstellung anpassen, indem ich eine Begründung finde, warum es die richtige Entscheidung ist, nicht walken zu gehen. Mein schlechtes Gewissen beruhigt sich, die innere Spannung ist aufgelöst, ich bin mit mir wieder im Einklang.

Im Grunde sind wir den ganzen Tag mit Dissonanzreduktion beschäftigt. Immer wenn etwas anders ist, als ich es mir wünschen oder erwarten würde, baut sich eine Spannung auf. Oft bemerken wir sie gar nicht, weil wir sie automatisch auflösen. Zum Beispiel, indem ich morgens den Pickel überpudere oder das graue Haar ausreiße. Oder indem ich mir die Dinge schönrede, die nicht so laufen wie geplant. Wenn mein Lieblingsbrot schon ausverkauft ist und ich mir sage, das Kürbiskernbrot wollte ich sowieso mal probieren. Wenn mein Kind mich anmuffelt und ich ihm verzeihe, weil es gleich eine Mathearbeit schreibt. Wenn mein Ehemann schon wieder den Müll vergessen hat rauszubringen und ich mir denke, was soll's, ist nicht so schlimm. Innere Spannungen kann man auf sehr vielen Wegen ausgleichen: Wir interpretieren Dinge um, suchen uns Bestätigung, dass eine Entscheidung richtig war, oder werten Handlungsalternativen ab. Das ist normal und wichtig und sorgt für sehr viel Zufriedenheit.

Bis zu einer gewissen Grenze jedenfalls. Denn erfolgreiche Dissonanzreduktion kann auch dazu führen, dass wir in Situationen nicht tätig werden, obwohl es eigentlich nötig wäre.

Wir reden die Kosten klein, die die Situation für uns bedeutet.

Wir bewerten den Nutzen gering, den wir mit einer Aktion bewirken könnten. Wir befinden: Alles kann so bleiben, wie es ist, ich muss nichts ändern. Oder anders gesagt: Wir betrügen uns ein Stück weit selbst. Was erst einmal sehr angenehm ist.

Zum Beispiel rede ich mir ein, dass es besser ist, Dirk nicht auf die ständigen Unterbrechungen in den Konferenzen anzusprechen, obwohl es mich sehr stört. Er würde das vielleicht als Aufforderung sehen, mich vor der ganzen Truppe lächerlich zu machen. Außerdem hat die Chefin mir sowieso schon mal gesagt, ich solle nicht so empfindlich sein. Also werde ich beweisen, dass ich es nicht bin – und Dirks Verhalten einfach ignorieren.

Ich bin nämlich nicht konfliktscheu oder bequem, sondern vernünftig und rücksichtsvoll. Und daran sieht man schon: Rechtfertigungen klingen besser als die Wahrheit.

Unangenehme Wahrheiten zu leugnen, ist normal und kein Grund zur Beunruhigung. Solange es unsere Lebensqualität nicht dauerhaft oder über ein bestimmtes Maß hinaus beeinträchtigt. Nur verpassen wir leicht diesen Moment, in dem wir anfangen, uns etwas vorzumachen. Wo wir Rechtfertigungen finden und uns selbst belügen, anstatt uns einfach die Wahrheit einzugestehen.

Es ist leichter, es auf meine äußeren Lebensbedingungen zu schieben, dass ich keinen Sport mache. »Ich hab keine Zeit« klingt besser als »Ich hab keine Lust«.

Es ist leichter, als Grund für die Verlängerung der Elternzeit das Wohlergehen der Kinder anzuführen, als zuzugeben, dass ich Angst habe vor der Arbeitswelt.

Es ist leichter, es mit der Situation in der Firma zu begründen, dass ich nicht in Elternzeit gehen kann, als mir einzugestehen, den Anforderungen zu Hause nicht gewachsen zu sein.

Die Dissonanzreduktion versetzt mich in die Lage, schwierige und mitunter sogar eigentlich unerträgliche Situationen zu verteidigen und auszuhalten. Weswegen es auch viele Menschen gibt, die sich jahrelang eine lieblose/gewalttätige/unterdrückende Beziehung schönreden und trotz ihres wachsenden Unglücks Gründe finden, warum sie bleiben wollen. Die trotz einer verheerenden Arbeitsatmosphäre im Job verharren. Die die Bevormundung und ewige Kritik der Eltern aushalten, weil es nun mal die Eltern sind. Die sich in der Pflege von Angehörigen aus Pflichtgefühl so lange aufopfern, bis sie selbst zusammenbrechen. In solchen Fällen kann die Dissonanzreduktion sogar selbstschädigend wirken.

Wenigstens mir selbst gegenüber möchte ich ehrlich sein und hinterfragen, warum ich mich in Wahrheit so verhalte und was eine bloße Rechtfertigung, eine Ausflucht ist. In welchen Situationen verspüre ich innere Spannungen, und was mache ich, um sie abzubauen? Beschimpfe ich zum Beispiel andere, nur weil ich mich über mich selbst ärgere? Das ist nämlich auch ein beliebtes Mittel: Dissonanz zu reduzieren, indem ich die Schuld auf jemand anderen schiebe.

Neulich beim Kaffeetrinken hat meine Schwägerin ihren Teller samt Kuchen fallen lassen. Sie hat entsetzt auf den Kladderadatsch gestarrt und dann ihre Töchter angeschrien, die eine halbe Minute vorher an ihr vorbeigelaufen waren. »Müsst ihr denn auch immer so rennen?« Damit hat sie ihren Kindern die Schuld für den Kuchenunfall in die Schuhe geschoben. Ich verstehe sie.

»Ich konnte nichts dafür« ist viel angenehmer als das Eingeständnis: »Es war meine Schuld. Ich habe einen Fehler gemacht.« Diese beiden Sätze hört man extrem selten.

Wenn sich keine Person anbietet, der ich den Schwarzen Peter zuschieben kann, sind häufig die Umstände schuld. Wenn Schüler zu spät kommen, hören Lehrer nur im Ausnahmefall die Begründung: »Ich hab verschlafen, weil ich gestern Nacht bis zwei Uhr gezockt habe.« Folgende Ausreden sind eher geläufig: »Der Bus kam nicht / mein Fahrrad war platt / es gab Stau wegen eines Verkehrsunfalls.« Das, was wir ja auch lieber sagen, wenn wir zu spät zu einem Termin kommen. Die Wahrheit zuzugeben, fällt schwer. Aber wenigstens uns selbst gegenüber sollten wir sie eingestehen.

9.

WAS SAGT MEINE
INNERE STIMME?

DIE KUNST, SICH SELBST ZUZUHÖREN

Auch wenn ich mir nicht bewusst Fragen stelle, bin ich doch ständig im Dialog mit mir. Zumindest unbewusst. Meine innere Stimme spricht mit mir in vielen Situationen. Doch leider überhöre ich sie viel zu oft. Oder ich habe verlernt, sie zu verstehen. Sie geht im Rauschen des Alltags unter. Von allen Seiten werden wir zugeballert mit Informationen, sodass wir das kleine Stimmchen in uns gar nicht mehr wahrnehmen. Sie ist wie der schmächtige Kollege am Rand des Konferenztisches, der leise einen Vorschlag macht, aber sofort von den Besserwissern übertönt wird.

Das ist zu viel, sagt die Stimme. Oder:
Ich sollte Pause machen.
Hier stimmt was nicht.
Ich fühl mich unwohl.
Ich will das nicht.

Selbst wenn wir die innere Stimme hören, haben wir oft nicht den Mut, ihr zu vertrauen. Beziehungsweise wir ignorieren sie bewusst, weil sie uns sonst vielleicht zu unbequemen Handlungen zwingt. Wir bringen sie lieber mit rationalen Gegenargumenten zum Verstummen, als auf sie einzugehen.

Das war verletzend, sagt die innere Stimme, wenn mein Kollege eine spöttische Bemerkung über meine Kinder macht, die angeblich zu verwöhnt sind. *Vielleicht hat er aber recht*, sagt mein Kopf, *ich bin häufig zu nachsichtig und vielleicht sollte ich an meiner Erziehung arbeiten.* Ich fange an, mich zu kritisieren und mich vor ihm zu rechtfertigen, anstatt meinen Kollegen auf seinen unangemessenen Umgangston hinzuweisen.

Manchmal gibt die innere Stimme auch nur eine Intuition wieder. Als ich neulich auf den Parkplatz vor dem Supermarkt fuhr, waren zwei Präsidentenplätze direkt am Eingang frei. »Toll«, dachte ich. Der Wagen vor mir fuhr auf den rechten Parkplatz. Ich steuerte den linken an. Meine innere Stimme sagte: *Park da nicht*. Sie hatte in Sekundenbruchteilen erkannt, dass die Fahrerin des anderen Wagens nicht mit mir rechnen würde. Doch mein Kopf sagte: *Das ist ein super Parkplatz*. Kaum hatte ich den Wagen abgestellt, riss die Fahrerin ihre Tür auf und knallte sie gegen meine Beifahrerseite. Sie hatte den linken Parkplatz als frei abgespeichert und nicht auf mich geachtet. Meine innere Stimme hatte das vorhergesehen. Das war wieder ein Moment, in dem ich mir geschworen habe, viel mehr auf sie zu hören. Ich bin nämlich davon überzeugt, dass sie recht hat. Während wir im Kopf lange Listen mit Pro und Kontra machen, liegt die Antwort schon in uns. Diese innere Stimme ist wie eine Hüterin der eigenen Wahrheit. Deswegen lohnt es sich, ihr mehr Gehör zu schenken.

Leider ist das ja oft nicht so einfach. Denn in uns krakeelen mitunter noch viele andere Stimmen, die uns rumkommandieren, schikanieren und drangsalieren. Die uns zur Perfektion oder zum vorauseilenden Gehorsam antreiben wollen, die uns Angst einreden und uns kleinhalten wollen, die uns kritisieren und uns zu dummem Verhalten drängen. Diese Stimmen sind kein bisschen zurückhaltend, sondern führen sich auf wie aufdringliche Marktschreier. Damit übertönen sie leicht unsere innere Stimme der Wahrheit. Diese lauten Stimmen, die uns nicht guttun, von der kleinen Stimme der Wahrheit zu unterscheiden, ist eine Herausforderung. Wir sollten sie annehmen.

FRAGEN, DIE ICH MIR NICHT STELLEN SOLLTE

WIE KONNTE ICH NUR SO BLÖD SEIN?

Ein Merkmal der Marktschreier-Stimmen ist, uns unqualifizierte Selbstvorwürfe entgegenzubrüllen wie zum Beispiel: »Wie konnte ich nur so blöd sein?«

Diese Frage gehört zur Kategorie der Fragen, die ich mir nicht stellen sollte. Da könnte es gleich die Durchsage geben: *Bitte kommen Sie umgehend in die Abteilung Selbstzerfleischung!*

Denn es gibt auf diese Frage keine vernünftige konstruktive Antwort. Im Gegenteil. Sie zieht automatisch weitere Vorwürfe nach sich wie: Weil ich halt einfach blöd bin. Weil ich nichts kann. Weil ich es mal wieder nicht kapiert habe. Weil ich eine Versagerin bin.

Aber Vorwürfe an mich selbst bringen mich nicht weiter. Sie wandeln kleine Fehler in Charakterdefizite um, zementieren meine Unzulänglichkeiten und hängen wie ein Klotz am Bein. Und wenn ich nicht aufpasse und ein Gedankenstrudel entsteht, der sich nur um diese Frage dreht, können sie mich in die Tiefe reißen.

Wenn ich etwas nicht gut gemacht habe und mich schlecht fühle, ist es viel sinnvoller, mir diese beiden Fragen zu stellen:

- »Was habe ich konkret in dieser Situation falsch gemacht?«
- »Wie kann ich es beim nächsten Mal besser machen?«

10.

WO SIND MEINE

GRENZEN?

DIE INNERE LANDKARTE NEU ABSTECKEN

Wir hatten einen Jungen in der Klasse, der Gurkenlarry genannt wurde, weil er eine Zeit lang saure Gurken in der Pause aß. Am Anfang hat er über den Spitznamen gelacht. Bis er plötzlich Albert Bulk mit der zusammengerollten Deutschlandkarte so heftig auf die Schulter geschlagen hat, dass die Karte in der Mitte auseinanderbrach (und Albert eine Weile eine Halskrause tragen musste). Diese Situation ist bekannt: Bis zu einem gewissen Punkt ist es noch lustig, dann fängt es an, wehzutun. Bis die Stimmung schließlich schlagartig kippt. Der Grat ist schmal zwischen dem, was ich noch erdulden kann, und dem, was unerträglich ist. Hätte Gurkenlarry seine Grenze nicht so lange ignoriert, hätte er dem ungeliebten Spitznamen vielleicht ein Ende bereiten können ohne Gewaltausbruch.

Aber die meisten kennen es: Grenzen wahrzunehmen, ist nicht immer leicht. Weil wir oft gar nicht darauf achten, wo sie liegen. Oder weil wir es schon so gewohnt sind, dass sie überschritten werden. Oder weil wir nicht gelernt haben, unsere Grenzen zu schützen. Mir meinen inneren Grenzverlauf bewusst zu machen, kann mir helfen, meine Bedürfnisse besser zu beachten.

Bei Lärm merkt man den Verlauf der inneren Grenze sehr deutlich. Es gibt die Lautstärke, die ich wahrnehme, die mich aber nicht stört. Es gibt die Lautstärke, die mich stört, die ich aber eine Zeit lang tolerieren kann. Und es gibt die Lautstärke, die ich nicht aushalten kann und die mich zum Handeln zwingt. Indem ich zum Beispiel aufstehe und das Fenster schließe.

Anja passt öfter auf den Hund einer Freundin auf. Das macht sie gerne. Nur in letzter Zeit häufen sich die Anfragen der Freundin. Im

letzten Jahr hat sie nur für zwei Wochen in den Sommerferien gefragt, jetzt ist die Hundebesitzerin dauernd weg, auch ganz spontan
mal nach Mailand oder Fuerteventura. Ich habe schon gemerkt, dass
es Anja zu viel wurde. Schließlich muss sie sich als Hunde-Ersatz-
besitzerin auch einschränken. Aber sie hat nichts gesagt. Erst als die
Freundin ihren Urlaub verlängert hat, ohne mit Anja vorher darüber
zu sprechen, war es so weit. Anja hat sich ausgenutzt gefühlt und der
Freundin die Meinung gesagt.

Grenzverletzungen können ganz unterschiedlich aussehen. Ich
kann mich ausgebeutet, lächerlich gemacht, nicht ernst genommen
oder bedrängt fühlen. Wenn irgendeine unserer Grenzen (sei es die
Belastungsgrenze, die Toleranzgrenze oder die Frustrationsgrenze)
überschritten wird, muss ich handeln. Ob ich will oder nicht.

Das passiert entweder, indem ich auf Einhaltung der Grenze po-
che (und einen Konflikt riskiere). Oder indem ich die Grenze auf
meine Kosten verschiebe und mir einrede, dass es nicht so schlimm
ist. Dass ich mich nicht so anstellen soll. Dass ich das aushalten
kann. Oder welches andere Argument mir auch sonst hilft, die Dissonanz abzubauen.

Dennoch bleibt meistens ein ungutes Gefühl. Und wenn ich mir
zu oft eingeredet habe, dass es ja nicht so schlimm war, kann es zu
einer überschießenden Reaktion kommen. Wir kennen alle den Moment, in dem uns der Kragen platzt. Oft stecken Grenzverletzungen
dahinter, die ich zu lange hingenommen habe. Anstatt frühzeitig
freundlich darauf hinzuweisen oder sich anderweitig der Situation
zu entziehen, kommt es zu einer massiven Gegenwehr, die übers Ziel
hinausschießt. Ich reagiere auf eine Art und Weise, die ich eigentlich
nicht will und die ich hinterher vermutlich bereue. Meine Grenzen
zu kennen, hilft mir, früher und gelassener zu reagieren.

Grenzen sind nicht starr. Sie an aktuelle Situationen anzupassen, verbessert das Wohlbefinden. Wenn ich mir einen Hund anschaffe, macht es das Leben einfacher, die Sauberkeitsstandards neu zu definieren. Wenn die Kinder größer werden, verschiebt sich die Grenze, bis zu der ich bereit bin, alles für sie zu machen. Sie sind schließlich mittlerweile auch sehr gut in der Lage, ihr Bett selbst zu beziehen oder ihr Zimmer zu staubsaugen.

Die Grenzen sind nicht festgezogen. Sie ändern sich im Laufe des Lebens. Meine Toleranzgrenze für Lärm war zum Beispiel früher definitiv größer. Da habe ich mitten im Ausgehviertel von Köln gewohnt. Heute für mich unvorstellbar. Meine Frustrationsgrenze ist dagegen höher geworden. Heute kann ich mit enttäuschten Erwartungen viel besser umgehen.

Die eigenen Grenzen immer wieder zu überprüfen, gehört mit dazu. Vielleicht stören mich auf einmal Dinge, die mich bisher nicht gestört haben. Vielleicht tun mir Gewohnheiten, die ich über Jahre gepflegt habe, nicht mehr gut. Vielleicht stelle ich aber auch fest, dass ich in zu engen Grenzen gedacht habe und sie erweitern und mir neue Gebiete erschließen kann.

11.

MÖCHTE ICH, DASS DAS NOCH MAL PASSIERT?

DIE GESCHLOSSENE FRAGE FÜR MEHR KLARHEIT

Bei Grenzverletzungen kommt es vor, dass ich im Nachhinein gar nicht mehr so sicher bin, dass die Situation wirklich so unangenehm war. Je länger die Begebenheit zurückliegt, desto mehr überzeuge ich mich, dass das Verhalten noch im Rahmen war. Er hat es nicht absichtlich gemacht. Sie hat es nicht böse gemeint. Ich habe es in den falschen Hals bekommen.

- Hat mich mein Kumpel beim Fußball wirklich vor den anderen lächerlich gemacht wegen meiner Schusstechnik oder stelle ich mich nur an?
- Waren diese Bemerkungen dieses Bekannten meiner Freundin tatsächlich rassistisch oder vielleicht doch nur unbedacht?
- Hat der Kollege mich absichtlich berührt oder aus Versehen? War das ein Zufall oder sexuelle Belästigung? Oder habe ich mich vielleicht komisch bewegt und ihn gestreift?

Im Laufe des Nachdenkens verändert sich meine Bewertung. Das ist (unbewusst) beabsichtigt. Denn wenn herauskommt, dass es nicht so schlimm war, muss ich nichts unternehmen. Bevor ich mich also selbst vom Gegenteil überzeuge, ist die bessere Frage: »Möchte ich, dass das noch mal passiert?«

Wenn ich diese Frage mit Nein beantworte, weiß ich genau, dass an dieser Stelle für mich eine Grenze verläuft.

12.

WER KANN MEINE

GRENZEN BEWACHEN?

SELBSTSCHUTZ DES EIGENEN HOHEITSGEBIETES

»Wer kann meine Grenzen bewachen?« ist eine rhetorische Frage, die ich mir ins Gedächtnis rufen sollte, wenn mir eine Situation nicht gefällt. Andere meine Grenzen überschreiten zu lassen würde bedeuten, Hoheitsgebiete abzutreten. Darauf zu warten, dass sich die grenzverletzenden Truppen zurückziehen, ist der falsche Weg.

- Ich muss nicht darauf warten, bis die Kommilitonen von selbst aufhören, sich über meinen Patzer in der Präsentation lustig zu machen.
- Ich muss nicht wieder bis zum Ende zuhören, wenn mir mein Freund zum tausendsten Mal seinen Leidensweg in der Firma vorkaut.
- Ich muss keine Fragen vom Vorgesetzten zum Unterwäschekauf beantworten.
- Ich muss keine Kommentare von meinen Eltern tolerieren, die ich als demütigend empfinde.
- Ich muss mit Freundinnen nicht über meine Probleme reden, selbst wenn sie mich danach fragen. Wenn mich diese Unterhaltung in der Situation stresst, dann sollte ich das sagen.

Nur ich merke, wo mir etwas zu viel oder unangenehm wird. Da an der Grenze aber kein Zaun ist, nicht mal ein Schlagbaum, kann sie auch niemand sehen. Ich muss schon Grenzposten aufstellen, die sagen: Stopp, bis hierhin und nicht weiter! Niemand anders als ich selbst kann meine Grenzen beschützen.

FRAGEN, DIE ICH MIR NICHT STELLEN SOLLTE

WIESO PASSIERT SO WAS IMMER MIR?

»Wieso passiert so was immer mir?« ist eine der Fragen, die ich mir nicht stellen sollte – zumindest nicht in Situationen, die ich nicht zu verantworten habe. Es gibt Zufälle, auf die ich keinen Einfluss habe. Manchmal habe ich eben Pech, gerate an einen inkompetenten Mitarbeiter, in den Mega-Stau, bin zur falschen Zeit am falschen Ort. Wenn ich mich dann frage, wieso so was immer mir passiert, bringt mich das nicht weiter. Ich stülpe mir damit eine Opferrolle über und liefere mich den negativen Kräften aus. Als ob es irgendeine dunkle Macht gäbe, die ein Interesse daran hat, mich fertigzumachen. Das ist unsinnig.

Etwas anderes ist es, wenn ich wiederholt in ähnliche Situationen gerate, die ich selbst beeinflussen kann. Aber auch dann sollte die Frage »Wieso passiert so was immer mir?« nur der Ausgangspunkt sein. Denn damit schreibe ich mir eine passive Rolle zu. »Etwas stößt mir zu« ist etwas ganz anderes als »Ich habe etwas gemacht«. Dabei habe ich mein Leben selbst in der Hand. Wenn ich Mist gebaut habe, habe ich eben Mist gebaut. Deswegen ist es besser, sich zu fragen: »Was mache ich falsch, dass mir dauernd so etwas passiert?« Wenn ich jeden Morgen den Bus verpasse, liegt es vermutlich daran, dass ich zu spät losgehe. Wenn ich immer wieder an Menschen gerate, die mir nicht guttun, könnte auch ein bestimmtes Verhaltensmuster dahinterstecken. Wenn ich das erkannt habe, kann ich den Situationen zukünftig vielleicht besser aus dem Weg gehen.

13.

WAS FÜHLE ICH?

DER GORDISCHE KNOTEN DER EMOTIONEN

»Rainer ist so ein Arsch«, schimpfte Anja und rührte wie wild in ihrer Teetasse. »Schon wieder haut er einfach ab zu seinem dämlichen Lauftreff. Dabei wollte ich ihn mit einem Restaurantbesuch überraschen, weil wir uns zuletzt so selten gesehen haben. Aber interessiert ihn das? Nöö. Weil seine bescheuerte Laufgruppe ja wichtiger ist als ich.« Betrübt senkte sie den Kopf.

»Hast du ihm denn gesagt, dass du mit ihm ausgehen wolltest?«, fragte ich mitleidig.

»Dazu kam ich ja gar nicht! Als er von der Arbeit kam, war ich noch im Bad. Und als ich ihn begrüßen wollte, hatte er schon seine Laufsachen gepackt. Ich konnte ihm gar nicht alle Beleidigungen an den Kopf werfen, so schnell war er verschwunden.« Sie schenkte mir noch einen Tee ein. »Er ist ein Arsch. Hab ich das schon gesagt?«

»Ja. Mehrfach. Aber du kannst es ruhig noch ein paarmal sagen, wenn es dir dann besser geht«, bot ich an.

»Ja, es geht mir schon viel besser«, behauptete Anja und fing an zu weinen. »Aber was, wenn er mich verlässt?«

Gefühle bestimmen wesentlich über unser Wohlbefinden. Wir haben sie jeden Tag in verschiedensten Varianten, ob wir wollen oder nicht. Dabei sind sie oft so komplex und verworren wie der berühmte Gordische Knoten aus der griechischen Sage. Gefühle können uns blitzartig überfallen oder langsam entstehen. Sie können gleichbleibend sein oder sich verändern. Manche sind schnell vorüber, andere Gefühlslagen setzen sich in uns fest und bringen uns in eine gereizte oder fröhliche oder traurige Stimmung. Gefühle können uns helfen, Gefahren abzuwehren, vorausschauend zu planen und mit unseren

Mitmenschen gut umzugehen. Sie können uns aber auch dazu bringen, uns völlig unangemessen zu verhalten und andere Menschen vor den Kopf zu stoßen. Und leider können wir sie nur schwer kontrollieren.

Den Überblick zu behalten, ist dabei gar nicht so leicht. Viele Psychologen haben schon versucht, den Emotionen auf die Spur zu kommen und die Gefühlswelt wissenschaftlich zu ordnen.

Weitgehend einig sind sich die Fachleute, dass es angeborene Emotionen gibt, die schon bei Babys zu beobachten sind. Sie werden als »Basisemotionen« oder »Primäremotionen« bezeichnet. Dazu zählen Zorn, Angst, Trauer, Ekel, Überraschung und Freude.[3]

Diese Basisemotionen entstehen in Sekundenbruchteilen als Reaktion auf einen Reiz und wirken sich auch körperlich aus. Gesichtsausdruck, Herzfrequenz, Atmung und andere physiologische Parameter verändern sich. Diese körperlichen Reaktionen laufen unbewusst ab und sind nicht steuerbar. Sie gehören zum genetischen Alarmsystem des Menschen, das das Überleben sichern soll. Ist ja auch logisch: Wenn der Säbelzahntiger auftaucht, sollte ich nicht nachdenken, sondern rennen. Wenn ich auf eine bittere Beere beiße, nicht erst überlegen, sondern ausspucken.

So weit, so klar. Doch wir reagieren nicht nur auf Gefahr emotional, sondern noch auf sehr viele andere Reize. Gefühle können auch verursacht werden durch Erinnerungen, reflektierte Bewertungen, das Sprechen über emotionale Ereignisse, Mitgefühl und durch das Verletzen von sozialen Normen.[4]

(Wenn ich zum Beispiel jemanden sehe, der Müll auf die Straße wirft, ärgere ich mich. Oder wenn meine Party zu laut geworden ist, befürchte ich, dass die Nachbarn sich gestört gefühlt haben könnten.)

Bei allen emotionalen Reaktionen ist es so, dass die erste Emotion, die wir oft überhaupt nicht bewusst wahrnehmen, nur der Startschuss ist für eine Kaskade von Gefühlsprozessen. Diese Gefühlsprozesse laufen blitzschnell und ebenfalls überwiegend unbewusst ab. Sie verändern die ursprüngliche Emotion, verstärken sie, mildern sie ab oder unterdrücken sie.

Diese Gefühlsprozesse sind zum größten Teil erlernt – besonders prägend sind dabei die ersten Lebensjahre. Wir legen im Laufe des Lebens unser eigenes Bewertungssystem an, das sich aus Erziehung, persönlichen Erfahrungen, Vorbildern, kulturellen Einflüssen und anderen Faktoren zusammensetzt. Weil jeder Mensch sein eigenes Bewertungssystem mit einbringt, lösen die gleichen Reize bei unterschiedlichen Menschen zum Teil sehr unterschiedliche emotionale Reaktionen aus. Der eine fühlt sich in einer Situation schuldig oder frustriert oder ist eifersüchtig, der andere in der gleichen Situation nicht.

Diese Gefühlsprozesse können uns bei der Vermeidung von Gefahren, beim Lösen von Problemen und beim planvollen und sozialen Handeln helfen, uns aber auch in unangenehme Situationen bringen – wenn wir in einer Art und Weise reagieren, die unangemessen ist und vielleicht noch mehr Probleme verursacht. Denn auch das Zeigen von Gefühlen ist individuell ausgeprägt. So kann es sein, dass einer in seinem Zorn rumschreit wie Rumpelstilzchen, während der andere eisig schweigt. Eine fängt bei Traurigkeit an zu weinen, die andere zeigt ein Pokerface. Manche steigern sich in eine emotionale Lage hinein, andere können sich selbst schnell beruhigen. Auch das sind in der Regel keine bewussten Entscheidungen, sondern automatische Prozesse, die sich im Laufe des Lebens ausgeprägt haben.

Gefühle können uns beherrschen. Sie schalten den Verstand manchmal regelrecht aus. Das hat auch der renommierte Verhaltensforscher Paul Ekman in seinem Buch *Gefühle lesen: Wie Sie Ihre Emotionen erkennen und richtig interpretieren* festgestellt. Sinngemäß schreibt er dort, dass wir ein Gefühl nicht infrage stellen, sondern versuchen, es zu bestätigen, indem wir das, was geschieht, entsprechend interpretieren. Ekman hat herausgefunden, dass es eine Phase gibt, in der wir keine Informationen verarbeiten können, die das beherrschende Gefühl nicht unterstützen. Diese Phase kann wenige Sekunden anhalten, aber auch Minuten oder sogar Stunden. Paul Ekman nennt sie in seinem Buch »Refraktärzustand«.[5]

Wir kennen alle diesen Zustand. Wenn wir wütend sind, sieht die ganze Welt auf einmal zornesrot aus. Wenn derjenige, der uns verletzt hat, sich entschuldigt oder Rechtfertigungen für sein Verhalten vorbringt, können wir das manchmal nicht sofort akzeptieren. Die Wut muss erst verrauchen.

Emotionen verändern sich also innerhalb von Millisekunden in einem undurchschaubaren Vorgang in uns selbst. Dazu kommen gedankliche Verarbeitungen, die auch auf die Gefühle wirken. Das macht die Sache noch schwieriger. Denn oft verspüren wir dann auf einmal ein ganz anderes Gefühl als am Anfang – und wenn wir dieses veränderte Gefühl nach außen zeigen, lösen wir damit bei unseren Mitmenschen oft Reaktionen aus, die wir weder beabsichtigt noch gewollt haben. Dadurch bekommen wir auch nicht das Verhalten von anderen, das wir eigentlich bräuchten.

Anja zum Beispiel hat Rainer angeschrien. Sie hat Ärger gezeigt, obwohl sie eigentlich traurig war. Er hat sich grundlos angegriffen gefühlt und seinerseits verärgert reagiert. Jetzt haben die beiden

Streit, obwohl Anja eigentlich nur das Beste für die Beziehung wollte. Sie hat Nähe gesucht, aber Distanz provoziert. Hätte sie Rainer direkt gesagt, dass sie traurig ist und warum das so ist, hätte er mit Sicherheit anders reagiert – nämlich mit Zuwendung und Nähe. Deshalb ist es so wichtig, seine eigenen Gefühle besser kennenzulernen – und in sich hineinzuhorchen, welche Emotion man als Erstes gespürt hat.

Als ich neulich nach Hause kam, übte meine Nachbarin Dilara mit ihrer Tochter Radfahren auf der Straße. Plötzlich machte Emina einen Schlenker und stürzte. Dilara schlug entsetzt die Hände zusammen und rannte sofort zu ihr hin. Kaum war Emina wieder unversehrt aufgestanden, schrie Dilara sie an: »Ich habe dir doch gesagt, du sollst nicht so schnell fahren!« Sie wirkte wütend, dabei war ihre ursprüngliche Emotion die Angst um ihr Kind gewesen. Natürlich hatte Dilara sich erschrocken und befürchtet, Emina hätte sich verletzt. Aber anstatt ihre Angst zu zeigen, ließ sie Emina ihren Ärger spüren. Woraus Emina schlussfolgerte: Mama ist böse auf mich. Dabei ärgerte sich Dilara nicht über Emina, sondern über sich selbst, denn als sie mich sah, biss sie sich auf die Lippe und sagte: »Ich hätte ihr nicht so ein großes Rad kaufen dürfen. Wie dumm von mir! Ich bin daran schuld, wenn sie sich wehtut.«

Hinter vielen Gefühlen, die wir drängend verspüren, können sich also ganz andere Emotionen und Bedürfnisse verstecken. Vielleicht habe ich als Kind gelernt, sie zu unterdrücken oder in andere Gefühle zu verwandeln. Wenn Jungs zum Beispiel – geschlechtstypisch – beigebracht wurde, dass sie nicht weinen dürfen, werden sie auch als Erwachsene Schwierigkeiten haben, Traurigkeit zuzulassen, und vielleicht eher aggressiv reagieren. Wenn Mädchen gelernt haben, dass sie mit Tränen ihren Willen eher durchsetzen können, werden sie vielleicht Traurigkeit zeigen, obwohl sie eigentlich wütend sind.

Ein Klassiker ist auch, Gefühle mit Essen zu unterdrücken. Wir fühlen uns hungrig, dabei sind wir traurig oder ängstlich oder wütend. Auch Alkohol und Drogen werden oft dazu eingesetzt, unangenehme Gefühle zu übertönen. Wenn wir die ursprüngliche Emotion gar nicht mehr wahrnehmen, kann es also problematisch werden. Weil wir uns nicht um das Bedürfnis kümmern, das wir eigentlich haben. Das tut auf Dauer nicht gut.

Das Bewusstsein für die eigenen Emotionen und Verhaltensmuster hilft mir, meine Gefühle besser regulieren und artikulieren zu können. Das macht mir den Umgang mit anderen Menschen und in vielen Situationen das Leben leichter.

Mich selbst und meine Gefühle besser kennenzulernen, lohnt sich also. Allerdings ist die Welt der eigenen Emotionen am Anfang wie ein unerforschter Dschungel. Ich muss mir einen Pfad durch das undurchdringliche Dickicht erkämpfen. Aber es ist möglich, indem ich mich selbst beobachte. Körperliche Veränderungen als Anzeichen für emotionale Vorgänge wahrzunehmen, kann ein erster Schritt sein. Den Auslöser dafür zu suchen, der zweite Schritt. Und dann mache ich mir meine Reaktion bewusst und das, was ich nach außen gezeigt habe. Wie hat darauf meine Umwelt reagiert? Habe ich in der Folge von anderen das Verhalten bekommen, das ich mir gewünscht hätte – oder ein ganz anderes? Wenn ich mir ehrlich die Frage beantworte, was ich in der Situation eigentlich gebraucht hätte, damit es mir wieder gut geht, komme ich der ursprünglichen Emotion vielleicht auf die Spur. Dann kann ich auch nach außen hin besser diesen Gefühlen Ausdruck verleihen – und bekomme auch eher die Reaktion, die mir guttut.

14.

WER IST FÜR MEINE
GEFÜHLE VERANTWORTLICH?

DIE INNERE ABTEILUNG LEITE IMMER NOCH ICH

Die Antwort auf die Frage »Wer ist für meine Gefühle verantwortlich?« ist einfach: Niemand anderes als ich selbst.

Das ist zwar eine große Verantwortung, weil ich dann niemandem die Schuld dafür geben kann, dass ich mich fühle, wie ich mich fühle. Außer den Hormonen vielleicht. Hormone gelten immer. Aber weder der Partner noch die Eltern noch die Kinder, Kolleginnen, Freunde, das Wetter, die Lage der Nation – niemand ist dafür verantwortlich, wie ich mich fühle. Außer ich selbst.

Wenn ich mich gehetzt fühle an der Kasse vom Supermarkt, liegt das nicht an der Frau hinter mir, die so genervt guckt, sondern an mir. Wenn mein Kollege mich in der Konferenz mit unqualifizierten Fragen unterbricht, finde ich das natürlich nicht gut. Aber es liegt an mir, ob ich mich aus dem Konzept bringen lasse oder nicht. (Auch wenn ich vielleicht etwas Übung brauche, um es an mir abperlen zu lassen oder ihn in die Schranken zu weisen.)

So schön es manchmal wäre, der Welt die Schuld an meinem Elend zuzuschieben, so unpraktisch wäre das auch. Wenn die Welt schuld an meiner schlechten Laune wäre, dann wäre die Welt ja auch dafür verantwortlich, meine Laune wieder zu heben. Ich wäre ausgeliefert und könnte nur darauf hoffen, dass bald jemand kommt und macht, dass es mir wieder besser geht. Und da kann ich unter Umständen lange warten. Deswegen ist das doch eine gute Sache: *meine Gefühle, meine Verantwortung.*

Was nicht heißt, dass mich andere nicht mit ihrem Verhalten beeinflussen können. Aber was ich letztendlich daraus mache, liegt bei mir. Wenn ich merke, dass jemand oder eine Situation mich negativ beeinflusst, habe ich es in der Hand, daran etwas zu ändern. Ich bin der Chef meiner inneren Abteilung. Das ist natürlich eine große Aufgabe, weil ich allein in der Verantwortung bin. Aber dafür habe ich auch die Möglichkeit, alleine Entscheidungen zu treffen, um meine Gefühle zu regulieren.

15.

BIN ICH FÜR DIE GEFÜHLE VON ANDEREN VERANTWORTLICH?

EMOTIONSVERWALTUNG GEHÖRT NICHT ZU MEINEM JOBPROFIL

Wenn Kinder groß werden, kommt der Moment, an dem sie selbst entscheiden. Zum Beispiel, dass zehn Grad warm genug sind, um ohne Jacke in die Schule zu gehen.

»Willst du nicht doch eine Jacke anziehen?«, frage ich und ernte genervtes Stöhnen. »Dann nimm wenigstens was zu essen mit«, sage ich schnell, als ob das eine mit dem anderen was zu tun hätte. Aber auch das wird mit einem knappen »Nö« beantwortet. Dann radeln sie in dünnem Pulli los, und ich muss mich daran erinnern, dass nicht ich es bin, die jetzt friert, sondern sie. Sie sind dafür verantwortlich, ob ihnen kalt ist oder sie hungrig sind.

Jetzt sind Hunger und Kälte natürlich keine emotionalen Probleme, sondern betreffen körperliche Bedürfnisse. Aber so ähnlich geht es mir mit Gefühlen von anderen auch. Ich möchte, dass andere sich gut fühlen, emotional gewärmt und satt sind. Leider stoße ich dabei aber schnell an meine Grenzen. Denn wie sich jemand in seinem Kern fühlt, darauf habe ich keinen Einfluss.

Wenn ich andere verletze, ihre Grenzen überschreite, mit nervigen Angewohnheiten verärgere – natürlich, das ist mein Handeln, das ist meine Verantwortung. Aber wie jemand auf meine Aktionen reagiert, das kann ich nicht beeinflussen. Was man an den unterschiedlichen Reaktionen verschiedener Menschen in der gleichen Situation sieht. Manche reagieren souverän auf Kritik, andere sind eingeschnappt, manche entschuldigen sich, andere schlagen sofort zurück. Auch auf Zuwendung reagiert jeder anders. Ich kann besonders aufmerksam sein, aber der andere zeigt trotzdem kein Interesse an mir oder wird auf einmal fröhlich oder selbstsicher.

Neulich begleitete ich meine Freundin Silke auf eine Party. Sie hatte ein tolles Kleid an und war sehr schön. Fand ich jedenfalls. Sie dagegen fragte mehrmals, ob sie nicht doch dick darin aussehen würde. Ich versicherte ihr, dass das nicht so sei. Trotzdem zupfte sie die ganze Zeit an dem Kleid herum und fühlte sich nicht richtig wohl. Ihre Unsicherheit konnte ich auch durch noch so viele Komplimente nicht in Selbstsicherheit verwandeln.

Das Gleiche gilt für Leute, deren Glas immer halb leer ist. Wie Corinna aus der Buchhaltung zum Beispiel. Die jammert über alles und jeden. Sie besteht darauf, dass es niemand so schwer hat wie sie. Eine Zeit lang habe ich versucht, sie aufzumuntern mit konstruktiven Vorschlägen und optimistischen Bemerkungen. Bis ich gemerkt habe: Es funktioniert nicht. Auf ihre Innensicht habe ich keinen Einfluss. Genauso wenig, wie ich die Vokabeln oder Matheformeln für meine Kinder lernen und ihnen eine schlechte Note ersparen kann.

Mir vor Augen zu halten, dass ich nicht die Emotionsverwaltung für andere übernehmen kann, ist besonders wichtig, wenn ich in meinem Umfeld Leute habe, die ständig gekränkt sind und mir vielleicht sogar offen Vorwürfe machen, dass ich schuld an ihrer Stimmung bin. Denen ich anscheinend nichts recht machen kann, weswegen ich dauernd ein schlechtes Gewissen habe und darüber grübele, welchen Fehler ich gemacht haben oder was ich unternehmen könnte, damit es ihnen besser geht. Was unter Umständen gar nicht möglich ist, weil der andere jegliche positiver Änderung verweigert. Das ist auf Dauer eine sehr schwer erträgliche Situation. Denn egal, wie nett und zuvorkommend ich diesen Menschen gegenüber auch bin, sie bleiben, wie sie sind. Ihre Gefühlswelt zu regulieren, liegt außerhalb meines Einflussbereiches. Ich kann höchstens Anstöße geben, damit sie sich selbst ändern. Aber ob sie die annehmen, ist ihre Entscheidung.

BIN ICH FÜR DIE STIMMUNG VERANTWORTLICH?

Neulich fragte ich Anja und Rainer, ob sie mit uns ins Theater kommen würden. Anja war erst skeptisch, aber ich sagte, dass ich Gutes über das Stück gehört hätte und wir ja danach noch in den Irish Pub gehen könnten. Also kamen sie mit. Das Stück war im besten Falle mittelmäßig. Anja und Rainer saßen mehr oder weniger versteinert neben mir, ihr Applaus fiel spärlich aus. Ich konnte mich überhaupt nicht auf das Stück konzentrieren, weil ich die ganze Zeit überlegte, ob die beiden den Theaterbesuch bereuten. Ich fühlte mich für ihre Stimmung verantwortlich und hatte ein schlechtes Gewissen, dass ich sie zu so einem langweiligen Abend überredet hatte. Auch wenn sie nachher meinten, es sei schön gewesen. Ich fühlte mich schuldig daran, dass es ihnen nicht (oder nicht sichtbar) gefallen hatte. Was ich natürlich nicht war!

Auch als Gastgeberin möchte ich, dass meine Gäste sich amüsieren. Ich kann Getränke bringen und leckeres Essen kochen und Musik auflegen, anregende Fragen stellen und Gesprächsthemen aufwerfen. Ich kann sogar mein überschaubares Witzerepertoire auspacken – aber ob sich jemand gut unterhält, liegt außerhalb meines Einflussbereichs. Für die Stimmung am Tisch oder auf einer Feier bin ich nicht verantwortlich. Auch wenn ich mich oft so fühle.

16.

WAS KANN ICH TUN, DAMIT ES MIR BESSER GEHT?

ABWARTEN UND WEIN TRINKEN HILFT NICHT IMMER

Das wichtigste Wörtchen in der Frage »Was kann ich tun, damit es mir besser geht?« ist »tun«. Denn in einer schwierigen Situation selbst aktiv zu werden, ist eine entscheidende Eigenschaft, um gesünder und zufriedener zu sein. Die Fähigkeit, sein Leben aktiv zu gestalten, Probleme aus eigener Kraft zu lösen und gesteckte Ziele zu erreichen, nennen die Psychologen *Selbstwirksamkeit*.

Menschen, die auf ihre eigenen Fähigkeiten vertrauen, haben eine hohe Selbstwirksamkeitserwartung. Sie gehen optimistischer an Herausforderungen heran und können sie leichter bewältigen und auch ihre Gefühle besser regulieren. Dabei kommt es nicht darauf an, dass diese Menschen mehr können als andere. Sie glauben einfach nur an sich.

Diese Selbstwirksamkeit kann man stärken, hat der kanadische Psychologe Albert Bandura herausgefunden. Folgende vier Punkte hat er in seinem Buch *Self-efficacy: The exercise of control* besonders hervorgehoben:

- Konzentration auch auf kleinere Erfolgserlebnisse
- Neubewertung von physiologischen Zuständen (Zeichen der Aufregung nicht als Schwäche oder Vorboten des Scheiterns bewerten, sondern als normalen Vorgang oder sogar als körperliche Rückmeldung, dass uns etwas wichtig ist)
- Sich an Vorbildern orientieren
- Lob und Anerkennung von anderen auch annehmen

Was man genau tun muss, damit es einem besser geht, kann jeder nur für sich entscheiden: den Job wechseln, verreisen, fernsehen, lesen, meditieren, Gartenarbeit, das Gespräch suchen, den Konflikt riskieren, die eigene Einstellung ändern, eine Beziehung beenden, sich bei einer Dating-App anmelden, Hilfe in Anspruch nehmen, ein Bad nehmen …

So vielfältig meine Probleme sein können, so groß ist die Auswahl an Werkzeugen, die mir helfen können, sie zu überwinden. Dabei sind manche Werkzeuge ganz einfach ohne Erklärung zu bedienen. Der Hammer zum Beispiel. Den Umgang mit einem Lötkolben müsste ich dagegen erst noch lernen. Aber genau wie ich nicht gleich damit anfange, eigenhändig eine Dachrinne zu reparieren, muss ich ja auch nicht mit dem größten Problem in meinem Leben zuerst beginnen und zum Beispiel meinen Job hinschmeißen. Oder eine Gehaltserhöhung verlangen, wenn mir das wirklich sehr schwerfällt. Ich kann ja erst mal im privaten Rahmen üben, berechtigte Ansprüche zu stellen und zum Beispiel Mithilfe bei der Gartenarbeit zu fordern. Oder was auch immer den Stresslevel reduzieren könnte.

Wichtig ist nur, dass ich nicht abwarte, dass sich die Dinge von selbst ändern, dass sich meine Probleme in Luft auflösen und das Leben unkompliziert wird. Denn das Leben ist wie ein Haus. Wenn die Dachrinne repariert ist, ist auf einmal das Fenster kaputt. Der Glauben daran, aktiv meine Probleme bewältigen zu können, hilft, auch der nächsten Krise gelassen entgegenzublicken.

17.

BIN ICH WIRKLICH SO?

DAS SELBSTBILD NACH BEDARF ÜBERMALEN

Als Anja neulich wieder den Hund von ihrer Freundin über das Wochenende übernahm, obwohl sie eigentlich keine Lust dazu hatte, fragte ich sie spaßig tadelnd: »Warum sagst du auch immer so schnell Ja?«

»So bin ich halt«, sagte sie seufzend.

Dieser kleine Satz geht uns schnell über die Lippen, wenn wir immer wieder in ähnliche Situationen geraten, die wir eigentlich nicht wollen. Es klingt auf den ersten Blick ja auch gut. Wie ein Motto für Selbstbewusstsein. Aber gleichzeitig ist der Spruch »So bin ich eben« auch eine Bremse für die Persönlichkeitsentwicklung. Eine Ausrede, um mich nicht mit unliebsamen Eigenschaften auseinandersetzen zu müssen. Vollständig müsste die Kapitel-Frage also lauten: »Bin ich wirklich so, oder habe ich nur Angst davor, Fehler einzugestehen oder mein Verhalten zu ändern?«

18.

BIN ICH BEREIT DAZU?

DER UNTERSCHIED ZWISCHEN KÖNNEN UND BEREITSCHAFT

»Ich habe gerade so einen Stress, ich kann jetzt nicht aufhören zu rauchen.« Dieser Satz ist der Klassiker unter den Argumenten von Leuten, die ihre Zigarettensucht loswerden wollen, es aber immer wieder verschieben.

Vielleicht kommt Ihnen auch einer dieser Sätze bekannt vor:

- Ich kann meinen Eltern nicht sagen, dass ich an Weihnachten nicht kommen will.
- Ich kann doch nicht einfach rübergehen und den Nachbarn bitten, dass er seine Musik leiser machen soll.
- Ich kann dem Chef nicht sagen, dass mich seine vorwurfsvolle Art stört.
- Ich kann nicht auf Fleisch verzichten.
- Ich kann nicht vor anderen Leuten reden.
- Ich kann doch nicht meine Entwürfe unaufgefordert einschicken.

Klingt alles sehr vertraut, oder? Solche Sätze haben wir vermutlich alle schon mal gesagt. Dabei sind sie Quatsch.

Wir könnten natürlich alle diese Dinge tun.

Niemand zwingt uns, zu rauchen oder Fleisch zu essen.

Niemand verbietet uns, Gespräche zu führen.

Und wenn ich als Rednerin ein Podium besteige, werde ich auch nicht verhaftet und in den Kerker gesperrt.

Ich könnte all diese Dinge tun.

Ich bin nur nicht bereit dazu, weil sie unangenehm sind.

Weil sie an meinen Gewohnheiten rütteln. Weil sie vielleicht Konflikte mit sich bringen. Weil sie mich aus meiner Komfortzone reißen. Weil sie mir Angst machen.

Wenn ich also ein Ziel habe, es aber nicht angehe, ergibt es Sinn, sich zu überlegen: »Kann ich das nicht oder bin ich nicht bereit dazu?«

Es ist völlig okay, wenn ich für mich zu dem Schluss komme: Nein, ich bin nicht bereit dazu. Wenn ich mich dafür entscheide, mich nicht zu ändern. Das Problem nicht anzugehen. Alles so zu lassen, wie es ist. Das liegt ganz bei mir. Aber mit der Frage nach der Bereitschaft gebe ich mir wenigstens die Handlungsoption.

Wenn ich etwas nicht kann, kann ich es nicht.

Wenn ich (noch) nicht bereit bin, könnte ich es (jederzeit) tun.

FRAGEN, DIE ICH MIR NICHT STELLEN SOLLTE

WAS DENKEN DIE ANDEREN JETZT VON MIR?

Die Frage *Was denken die anderen jetzt von mir?* ist sehr beliebt nach Auftritten, bei denen nicht alles super gelaufen ist. Ob ich schon während eines Redebeitrags merke, dass er nicht gut ankommt, oder zu Hause feststelle, dass ich die ganze Zeit einen riesigen Pickel auf der Nase hatte oder meine Bluse falsch geknöpft war, oder ob ich nach Wochen feststelle, dass ich den Namen des Kollegen die ganze Zeit falsch ausgesprochen habe – ich mache mir Gedanken über die Gedanken der anderen.

Zeitverschwendung! Es gibt auf die Frage, was andere jetzt über mich denken, keine richtige Antwort. Da könnte ich eher die Navier-Stokes-Gleichung ausrechnen, als dafür eine Lösung zu finden. Diese Frage schickt mich nur durch den finsteren Wald der Interpretationen, wo in jedem Schatten irgendwelche Monster lauern. Ich verirre mich in Überlegungen, für wie blöd die anderen mich halten. Was für ein Quatsch!

Die Wahrscheinlichkeit, dass andere sich mit mir und meinen Fehlern beschäftigen, ist sehr gering. Dass sie jetzt auf mich herabsehen und sich die Mäuler zerreißen, noch unwahrscheinlicher. Eventuell haben sie meine suboptimale Performance zur Kenntnis genommen. Aber die Vorstellung, dass sich die Gedankenwelt der anderen um mich und meine Macken und Fehler dreht, ist völlig überzogen. Viel wahrscheinlicher ist, dass sie gerade mit eigenen Problemen beschäftigt sind.

Nur ich denke, was ich denke. Nur ich fühle, was ich fühle.

Für die anderen ist die Welt noch genauso wie vorher. Dann kann sie es für mich ja auch sein.

19.

WEIß ICH DAS TATSÄCHLICH ODER DENKE ICH DAS NUR?

GEDANKEN SIND KEINE TATSACHEN

Wissen ist Macht, heißt es, aber manchmal ist Wissen auch nur *gemacht*. Vieles, was wir als Informationen betrachten, ist in Wahrheit nur unsere eigene Interpretation. Wir nehmen irgendwelche Vorkommnisse und fügen Gedanken hinzu, die Gefühle hervorrufen. Diese Gefühle wiederum überzeugen uns, dass es genau so ist, wie wir denken. Ein Kreislauf entsteht, in dem wir nicht mehr auseinanderhalten können, was eine Tatsache ist und was nur eine zusammengepanschte Schlussfolgerung.

- Auf dem Weg in die Kantine begegne ich dem Leiter der IT-Abteilung, der so tut, als schaue er aufs Handy, damit er mich nicht grüßen muss. Ich weiß, dass er sauer ist, weil ich ihn neulich angerufen habe, als er schon frei hatte.
- Ich führe ein Interview mit dem Organisator eines (missglückten) Stadtfestes, der sich über ein paar meiner Fragen aufregt. »Der fand mich total doof«, erzähle ich Anja hinterher.
- Ich fahre vom Familientreffen nach Hause und bin sicher, dass es meinen Eltern nicht gepasst hat, dass ich mich zu Onkel Samuel gesetzt habe, den sie nicht leiden können.
- Ich komme vom Frauenabend und bin überzeugt, dass meine neue Frisur doch nicht so schön ist, weil mir niemand ein Kompliment gemacht hat.
- »Mein Lehrer kann mich nicht leiden«, sagt mein Sohn. »Der starrt mich immer so komisch an.«
- Mein Strategiepaper ist bestimmt nicht gut, sonst hätte mir der Kollege doch schon eine Rückmeldung gegeben.
- Diese Clique in meinem Fitnessstudio lästert über mich. Ich habe genau gesehen, wie hämisch diese Tussis zu mir rübergeguckt haben.

- Jochen hat so eine komische Bemerkung über mein Gehalt gemacht. Er ist richtig arrogant geworden, seit er Chef in seiner Firma geworden ist.

Diese Interpretationen wirken für uns so logisch, dass wir sie im Handumdrehen zu Tatsachen küren, die zur Grundlage unserer Gefühle und manchmal auch unseres Handelns werden. Wir verlassen uns auf Fake-Wissen. Daher ist es gut, sich öfter zu fragen: Woher weiß ich das? Hat es mir jemand klipp und klar gesagt? Wurde es in der Tagesschau verkündet? Gibt es Hashtags auf X? Wurde es mit einem Flugzeug an den Himmel geschrieben?

Sehr oft ist das nicht der Fall. Vieles, was uns im Kopf rumspukt, ist nämlich genau das: ein Spuk. Aus Blicken machen wir Beweise. Nebensächliche Bemerkungen verwandeln wir in Schuldzuweisungen. Ausbleibende Komplimente werden zu Kritik.

»Aber ich hab doch gesehen, wie die anderen mich angeguckt haben!«, sagen wir. Mag sein. Vielleicht können sie mich tatsächlich nicht leiden. Vielleicht haben sie auch nur komisch geguckt, weil sie dringend aufs Klo mussten oder überlegt haben, was sie zu Mittag essen wollen oder wann noch mal der Termin für die Einladung zu dem grässlichen experimentellen Theaterstück ist. Vielleicht fanden sie auch meine Strähnchen schön.

Was weiß ich? Gar nichts! Ich denke das nämlich nur!

Sich mit vermeintlichem Wissen zu beschäftigen, ist Zeitverschwendung. Sich schlecht zu fühlen, weil ich denke, jemand würde irgendwas über mich denken, führt zu nichts. Dafür gibt es nämlich keinen Grund. Es ist substanzlos. Emotionales Sumpfgebiet ohne Boden.

Aus diesem Sumpf führen zwei Wege: sich klarzumachen, dass es sich nur um Gedanken handelt, nicht um Tatsachen. Oder eben: die betreffende Person fragen. »Wie hast du diese Bemerkung gemeint?«, »Bin ich dir irgendwie auf den Schlips getreten?«, »Ihr guckt immer so zu mir rüber, mache ich irgendwas falsch?«, »Ist alles in Ordnung zwischen uns?«.

Gedanken sind keine Tatsachen. Und Interpretationen sollten wir dem Deutschunterricht überlassen.

20.

WEIß ICH DAS TATSÄCHLICH ODER GLAUBE ICH DAS NUR?

HÖRENSAGEN IST KEIN BEWEIS

Lisa hat mir heute etwas Krasses erzählt: Unsere gemeinsame Bekannte Katja hat ihren Freund Georg an der Raststätte stehen lassen und ist einfach weggefahren, nur weil er zu ihr gesagt hat, sie sei psychisch labil. Was sie ja wohl eindeutig ist! Sie kam mir beim letzten Treffen auch komisch vor, so fahrig und zerstreut. Ich lade sie besser nicht zu meiner Party ein, vielleicht flippt sie da auch aus.

So viel Stress und so viele Konflikte beruhen darauf, dass wir glauben, was irgendjemand über irgendjemanden gesagt hat. Und wir nehmen oft sogar hin, dass die Person, die uns die Geschichte erzählt, selbst bei dem Vorfall gar nicht dabei war. Sie hat die Sache also nicht mit eigenen Augen oder Ohren mitbekommen. Sie ist keine Zeugin, sondern gibt nur wieder, was sie von irgendwem gehört hat, der es vielleicht selbst auch nicht live erlebt hat.

Robert hat die Story von Georg gehört und sie Lisa weitererzählt – und alle glauben zu wissen, was Katja an der Raststätte Schlimmes gemacht hat. Dabei war es nur der Parkplatz eines Restaurants und Georg war super betrunken und hat Katja beleidigt. Deswegen hat sie ihn stehen lassen. (Hat Olga erzählt, die es von Katja gehört hat.)

Es ist doch allgemein bekannt, dass beim Spiel »Stille Post« am Ende nie das rauskommt, was ursprünglich gesagt wurde. Was genau passiert ist, erfahren wir in solchen Erzählketten meistens auch nicht. Regen uns aber trotzdem auf, als ob es Fakten wären. Jede Menge Drama wird verursacht durch Hörensagen. Wer mal in einer WhatsApp-Elterngruppe war, weiß, wovon ich rede.

Eine der wichtigsten Regeln im Journalismus ist, dass man zwei sichere und unabhängige Quellen braucht, die einen Vorgang bestätigen müssen. Und dass man am besten selbst mit Zeugen und Betroffenen redet. Im Privatleben ist das zwar nicht so streng zu befolgen, aber die Nachfrage, ob etwas wirklich stimmt, kann ebenfalls wichtig sein. Es bewahrt mich davor, zum Beikoch in der Gerüchteküche zu werden – und in Fallen zu tappen. Basiswissen in der Erziehung ist ja auch, mir beide Seiten anzuhören. Wenn Mia angerannt kommt und sagt, Lara habe sie geschubst, sollte ich mir erst mal Laras Version darstellen lassen, bevor ich ein Urteil fälle.

Wenn Konrad aus der Haustechnik mir sagt, dass der Chef ab jetzt jedem, der die Pause überzieht, eine Abmahnung verpassen will, erkundige ich mich besser noch mal, bevor ich mich aufrege. Besser fragen als auf Hörensagen setzen!

FRAGEN, DIE ICH MIR NICHT STELLEN SOLLTE

WARUM HABE ICH NICHT SOFORT GESAGT, DASS ...?

Weihnachtseinkauf an der Kasse im Supermarkt. Das Kassenlaufband war voll, die Schlange lang. Aber ich habe mein System, um sofort alles nach dem Scannen in die Taschen zu packen. Klappt immer. Nur an diesem Tag geriet ich an einen Kassierer, der die Lebensmittel einfach in meinen Wagen schob. Der nicht die wenigen Sekunden darauf wartete, dass ich die Waren selbst einsortieren konnte. Ich bat ihn, damit aufzuhören. Er hörte nicht auf. Ich packte immer schneller und war megagestresst und vor allem wütend. Erst als ich aus dem Supermarkt raus war, hatte ich die Lösung: Warum habe ich ihm nicht einfach gesagt, dass er seine Waren behalten kann? Warum habe ich ihn nicht einfach sitzen lassen mit seiner Unverschämtheit und dem Durcheinander an der Kasse und bin aus dem Supermarkt spaziert, mit erhobenem Kopf? Das wäre die passende Reaktion gewesen! Warum hatte ich es nicht so gemacht?

Ganz einfach. *Weil.*

Weil mir zwar immer passende Erwiderungen einfallen – nur leider nicht in der jeweiligen Situation, sondern irgendwann später. Und dann spiele ich die Szene im Kopf noch mal durch, diesmal bin ich souverän und schlagfertig. Ich sonne mich für einen Moment in dem Erfolg, den ich nicht hatte. Dann geht die Platte von vorne los. »Warum habe ich nicht gleich gesagt, dass ...?« Es folgen endlose Dialoge mit mir selbst, besonders gerne nachts im Bett. Pillowtalk der abtörnenden Sorte.

So sinnlos! Wieso soll ich mich für etwas fertigmachen, das sich nicht mehr ändern lässt? Da kann ich mich genauso gut fragen, warum heute nicht die Sonne geschienen hat. Die Sache ist gelaufen. Ich kann sie im Nachhinein nicht mehr ändern. Das Einzige, was ich machen kann, ist ein Plan, wie ich beim nächsten Mal reagieren könnte, wenn so etwas Ähnliches passiert.

21.

SOLL ICH MICH ECHT DARÜBER AUFREGEN?

UNTER DER EMPÖRUNGSWELLE DURCHTAUCHEN

Ärger verbreitet sich schneller als jedes Virus. Meine Mutter ruft mich auf meinem Weg zu einem wichtigen Termin an, um mir mitzuteilen, dass ich mich viel zu selten melde. Der Autofahrer hinter mir fährt zu dicht auf und gibt mir Lichthupe. Die Hundebesitzerin erklärt mich für unverschämt, weil ich sie bitte, ihren frei laufenden Dobermann an die Leine zu nehmen. Der Nachbar pflegt am frühen Samstagmorgen seine Einfahrt mit einem apokalyptisch lauten Hochdruckreiniger. Der Lehrer meines Kindes hat ungerecht benotet. Meine Ehefrau motzt mich wegen irgendeiner Kleinigkeit an, die Kinder muffeln sowieso, das Unkraut sprießt und die Tagesschau vermeldet auch nur furchtbare Nachrichten.

Bei der reichhaltigen Auswahl an Aufregern kann man es sich leisten, wählerisch zu sein. Finde ich. Nur weil mir einer ein Stöckchen hinhält, muss ich ja nicht drüberspringen. Jede Aufregung kostet mich Energie. Sie geht einher mit einer physiologischen Reaktion. Stresshormone werden ausgeschüttet, das Herz schlägt schneller, die Atemfrequenz steigt. Das ist für Situationen, in denen ich wirklich angespannt sein muss, sinnvoll. Aber es gibt so viele Anlässe, bei denen Aufregung überflüssig ist. Sich über jede Ungerechtigkeit auf der Welt aufzuregen, bringt nichts. Weil ich an den meisten Dingen leider sowieso nichts ändern kann. Eine Selektion an Ärgernissen, die tatsächlich Relevanz für mein Leben haben, reicht also völlig aus. Und auch da sollte ich überlegen, ob ich mich aufrege oder es einfach hinnehme.

Empörung kann auch eine gesellschaftliche Erwartung sein. Als ob in meinem Leben nicht schon genug Blödes passiert, erwarten andere, dass ich mich auch über ihren Ärger aufrege. Wenn der Freund meiner Freundin wieder einen Eifersuchtsanfall hatte und sie von mir hören möchte, dass er doch wohl echt bescheuert ist. Wenn in der Schule irgendein Junge, den ich nicht kenne, angeblich gemobbt wird und irgendeine unbeteiligte Mutter wilde Aktionspläne entwirft, was jetzt zu tun ist, und auch von mir solidarische Krawallbereitschaft einfordert. Wenn der Kollege bei der Beförderung übergangen wird und sich bei mir darüber beklagt, anstatt bei irgendwem, der auch etwas dagegen unternehmen kann. Einen Ratschlag geben, okay. Aber mich stellvertretend mit aufzuregen, brauche ich wirklich nicht.

Tief einatmen, unter der Empörungswelle durchtauchen und in friedlichem Wasser wieder hochkommen.

22.

WILL ICH JETZT WIRKLICH DARÜBER SPRECHEN?

WIEDERKÄUEN SCHADET DER GESUNDHEIT

Normalerweise erzähle ich meinem Mann abends, was auf der Arbeit los war – und da ist oft natürlich auch Unangenehmes dabei. Wenn ich mich mit meiner Freundin treffe, berichte ich ihr, was für einen Unsinn sich die Schule wieder geleistet hat. Oder welchen Ärger es beim letzten Familientreffen gab. Und sie trägt mir vor, welchen Quatsch ihr Mann gemacht hat und warum ihre Schwester nicht mehr alle Tassen im Schrank hat. Der Austausch über Schereien ist fast eine Art gesellschaftliches Ritual. Auch in der Mittagspause ist es schwierig, die neuesten Eskapaden von Kollegen oder Vorgesetzten oder die Schwierigkeiten mit der neuen Software nicht durchzuhecheln. Wir bleiben gedanklich bei der Arbeit, obwohl wir im Straßencafé sitzen. Wir sehen die angespannte Stimmung der Familienfeier vor uns, dabei laufen wir gerade durch den Wald oder sitzen auf dem Balkon.

Wir bringen den Ärger, der eigentlich schon vorbei ist, mit in eine entspannte Situation und beleben ihn dadurch wieder. Denn bei jedem Erzählen durchleben wir die Situation erneut und verspüren auch erneuten Ärger. Ein emotionales Echo des ursprünglichen Ärgers. Über Stress reden stresst nämlich auch. Der Ausdruck »Ich rede mich selbst in Rage« stimmt.

An manchen Tagen mag das okay sein. Es kann guttun, etwas loszuwerden. Aber es gibt auch Momente, da ist es zu viel für mich. Wenn ich sowieso schon angespannt bin und zusätzlich darüber spreche, dass ich angespannt bin, kann ich mich verständlicherweise gar nicht entspannen. Oder wenn ich versuche, den Feierabend zu genießen, aber nur von Stress rede, kann ich auch nicht abschalten.

Und wenn ich genau in mich hineinhöre, merke ich das unangenehme Ziehen im Magen. Vielleicht sagt meine innere Stimme sogar: »Lass gut sein, ich will meine Ruhe haben.«

Auch wenn es Gewohnheit ist, dass ich mich über die negativen Momente mitteile, ist es sinnvoll, kurz innezuhalten und mich zu fragen, ob ich jetzt wirklich darüber sprechen will. Oder vielleicht zu einem anderen Zeitpunkt, wenn ich nicht mehr so gestresst bin. Oder auch gar nicht, weil die Situation eigentlich sowieso keine Bedeutung für mein Leben hatte und schon längst vergessen wäre, wenn ich nicht drüber sprechen würde.

Aber wenn ich doch über ein Aufregerthema berichten will, dann ist ein Trick, es in einem friedlichen Tonfall zu machen. Und nicht wie sonst gerne eine übertriebene Parodie der Situation nachzuspielen mit dem Eifer der Buhlschaft der Salzburger Festspiele. Die Wirkung ist verblüffend: die gleiche Story, total andere Wirkung. Durch eine leise Stimme und einen ruhigen Tonfall wirkt die Situation in der Nacherzählung gar nicht mehr so stressig. Ich beruhige mich damit selbst. Ich habe mein Erlebnis berichtet, aber das Echo des Ärgers blieb aus. Probieren Sie es mal aus!

23.

WILL ICH DAS JETZT HÖREN?

DEN EMOTIONALEN GEHÖRSCHUTZ EINSCHALTEN

Meine Mutter beschwert sich wieder mal ausdauernd über Tante Margot. Der Freund jammert über den katastrophalen Urlaub, in dem der Orangensaft vom Frühstücksbüfett nicht geschmeckt hat und es am Strand viel zu windig war und eine Baustelle war irgendwo auch in der Nähe. Der Nachbar konfrontiert mich mit seiner angsteinflößenden Krankheitsgeschichte. Die Kollegin zerreißt sich wieder mal das Maul über eine andere Kollegin.

Besonders wenn Leute ihre negativen Geschichten loswerden wollen, kann Zuhören belasten. Es gibt Themen, die wegen eigener Erfahrungen Wunden aufreißen können. Oder mit denen ich mich aus anderen Gründen gedanklich nicht beschäftigen möchte. Manchmal ist es auch nur die aufgebrachte Art, mit der mein Gesprächspartner redet, die in mir Widerwillen auslöst. Leute, die einen regelrecht zutexten. Die die ganze Aufregung mitbringen, die sie in den nacherzählten Situationen erlebt haben. Die mir all diese negative Energie vor die Füße werfen.

Besonders wenn mein Kanal sowieso schon voll ist, stresst mich das Zuhören. Ich merke, wie mein Puls steigt und mein Hals rot wird. Bei einem Film würde ich jetzt wegschalten, ein Buch würde ich zuklappen. Aber im sozialen Miteinander kann ich ja nicht einfach weggehen. Ich will nicht unhöflich sein. Ich höre es mir an und wünsche mir, dass mein Gesprächspartner merkt, dass es mir unangenehm ist. Oder ich tue zumindest so, als ob ich zuhöre. Oft rauscht es auch einfach zum anderen Ohr wieder raus, während ich überlege, wann ich die Tomaten umpflanze.

Das muss nicht sein. Ich habe ein Recht darauf, nicht das Publikum für diese Themen zu sein – solange es keinen dringlichen Grund gibt, warum dieses Gespräch jetzt und hier stattfinden muss.

Wenn ich merke, dass es über meine Grenze hinausgeht, kann ich das auch kundtun. »Können wir bitte ein anderes Mal darüber reden, das Thema belastet mich gerade?«

Oder: »Ich hatte echt einen stressigen Tag und versuche, mich zu entspannen. Können wir über was Schönes reden?«

Oder: »Es tut mir leid, bei mir ist so viel los, ich habe gerade keinen Kopf für dieses Thema. Ein anderes Mal höre ich dir gerne zu.«

Das ist nicht nur besser für mich. Auch der Gesprächspartner profitiert davon, wenn ich richtig zuhören kann und nicht die Ohren auf Durchzug stelle. Dann gibt es später auch keine Dialoge, in denen Sätze vorkommen wie: »Das habe ich dir doch neulich erzählt ...«

24.

WILL ICH DAS WIRKLICH AUSDISKUTIEREN?

NICHT AUF JEDEN TOPF MUSS EIN DECKEL

Ich wollte gerade einen Einkaufswagen holen, als ein Auto in der Durchfahrt zwischen den Parkplätzen stehen blieb. Eine junge Frau stieg aus. Verblüfft fragte ich: »Haben Sie gesehen, dass Sie mitten im Weg parken?«

»Ja, habe ich«, sagte sie und ging ungerührt in den Aldi. Ich war natürlich versucht, ihr eine Standpauke über spezifische Verkehrsregeln und allgemeine Rücksichtnahme zu halten.

Aber ich habe es nicht gemacht. Denn was kann ich von so einem Gespräch erwarten? Dass sie sich bei mir für die wohlmeinende Aufklärung bedankt und verspricht, ab jetzt nicht mehr rücksichtslos zu parken? Wohl kaum. Es mag ein Vorurteil sein, aber jemand, der seinen Wagen so dreist abstellt, wird kaum die soziale Kompetenz aufbringen, seinen Fehler gegenüber der Gemeinschaft einzusehen.

Es gibt so viele Leute, die meinen, Regeln würden für sie nicht gelten und rücksichtslos seien die, die ihre Rücksichtslosigkeit kritisieren. Die versuchen, sich von der Seite in die Schlange zu drängeln. Die die Kacke ihres Hundes nicht aufsammeln, ihre Füße auf den Bussitz legen, die rauchen, wo es nicht gestattet ist. Die an der Gemüsetheke jede Erdbeere einzeln anfassen und an den Aprikosen rumkneten. Die sich unendlich viel Zeit lassen, obwohl hinter ihnen sehr viele Leute warten.

Auch wenn ich vielleicht recht damit hätte, sie auf irgendeine Regelübertretung oder Rücksichtslosigkeit hinzuweisen, bringt das oft nichts. Die Wahrscheinlichkeit, dass ich innerhalb kürzester Zeit in eine ätzende Unterhaltung verwickelt bin, ist groß. Und die Wahrscheinlichkeit, dass ich Leuten an der Gemüsetheke ihre schlechten Manieren austreibe, ist verschwindend gering. Oder glaube ich wirklich, dass ich in einem kurzen Gespräch mangelnden Grips oder fehlende Erziehung wettmachen kann? Nein. Absolut nicht. Und es ist auch nicht meine Aufgabe, andere zu erziehen.

Ich halte es so: Wenn ein Vorfall keine Bedeutung hat für mein Leben, wenn ich dem Konflikt einfach aus dem Weg gehen kann, dann gehe ich ihm aus dem Weg. Ich kann Leute nicht ändern, schon gar nicht in einem Wortgefecht. Solange ich (oder eine andere Person, die Hilfe braucht) nicht aktiv gestört werde, lasse ich es. Meinem Einkauf stand der rücksichtslos geparkte Wagen der Frau nicht im Weg. Ich konnte nachher außenrum rausfahren.

Auch in anderen Situationen ist es stressfreier, Diskussionen gar nicht erst zu führen oder frühzeitig auszusteigen. Wenn Standpunkte zu weit voneinander entfernt sind (sachlich, weltanschaulich und/oder vom persönlichen Diskussionsstil), führen Unterhaltungen höchstens zu Verstimmung auf beiden Seiten. Deswegen ergibt es meistens wenig Sinn, mit Verschwörungstheoretikern oder anderen Fanatikern zu diskutieren, da die gemeinsame Basis für ein Gespräch fehlt. Auch in Diskussionen, die auf der Grundlage des gesunden Menschenverstands geführt werden, kommt es vor, dass sie sich im Kreis drehen. Wenn jeder versucht, den anderen von seiner (gegensätzlichen) Sichtweise zu überzeugen, wird es kein Ergebnis geben. Leute, die nicht überzeugt werden wollen, kann ich nicht überzeugen. Genau wie ich nicht überzeugt werden kann von noch so tollen Argumenten, wenn ich einen ganz anderen Standpunkt vertrete.

Ein Veganer kann sich den Mund fusselig reden und den passionierten Fleischesser doch nicht zu Tofusteaks bekehren. Der Autofahrer mag noch so leidenschaftlich gegen ein Tempolimit argumentieren, die *Letzte Generation* wird er nicht dazu bewegen, Raserei gutzuheißen.

Ein überzeugter Katzenliebhaber wird einem Ausgangsverbot von Katzen zum Zwecke des Vogelschutzes auch kaum zustimmen.

Manche Diskussionen können nicht *aus-diskutiert* werden. Es mag spannend sein, sich gegenseitig seine Meinung zu erklären. Aber irgendwann muss ich akzeptieren, dass wir keinen gemeinsamen Standpunkt erreichen können. Dann hilft nur ein freundliches »Wir sind uns einig, dass wir uns nicht einig sind«. Sonst fangen wir nur immer wieder von vorne an bei wachsendem Ärger auf beiden Seiten.

Auch in Beziehungen ist es sehr hilfreich, sich vor dem Beginn einer kritischen Unterhaltung zu überlegen, ob ich das wirklich ausdiskutieren will und wenn ja, ob jetzt dafür der richtige Zeitpunkt ist. Der macht oft den entscheidenden Unterschied.

Der Klassiker ist, nach drei Margaritas davon überzeugt zu sein, eine Beziehungsgrundsatzdiskussion führen zu müssen. Nach dem Motto »Was ich dir immer schon mal sagen wollte«. Die Wahrscheinlichkeit ist sehr groß, dass man mit einem Kater aufwacht. Und das nicht nur vom Alkohol.

Auch in vielen anderen Situationen ist es besser, kritische Bemerkungen auf einen passenden Moment zu verschieben. Wenn der Ehemann kurz vorm Servieren seines Fünf-Gänge-Menüs ist, ist kein optimaler Zeitpunkt, mit ihm über unnötige Ausgaben für Massagepistolen und digitale Ohrreinigungspinzetten zu diskutieren. Beim Aufbruch zum Abendessen mit Freunden ist es auch keine gute Idee, der Ehefrau zu sagen, sie solle nicht immer so viel quasseln, beim letzten Mal hätte sie andere kaum zu Wort kommen lassen. Es besteht die Wahrscheinlichkeit, dass sie erst mal gar nicht mehr mit mir redet. Wenn ich der Chefin einen Vorschlag für bessere Kommunikation im Team machen will, dann auch besser nicht, wenn sie gerade von ihrem Boss irgendwelche unmöglichen Forderungen zu hören bekommen hat. Bei Kritik ist nicht nur die Wortwahl, sondern auch das Timing entscheidend.

Manchmal ist es auch besser, Dinge einfach ganz auf sich beruhen zu lassen. Zum Beispiel, wenn ich der Meinung bin, mein Ehemann würde Freunden eine Geschichte falsch erzählen oder Details nicht korrekt wiedergeben. Wenn er sagt, es waren zwölf Kilometer bis zum Wasserfall, und ich denke, es waren aber nur zehn, ist mein erster Impuls, ihn zu korrigieren. Dabei ist das doch völlig unerheblich. Niemand von den anderen wird es merken, keiner misst die Distanz mit GPS nach, für die Geschichte an sich macht es überhaupt keinen Unterschied. Also: Nicht drüber diskutieren! Wenn ich meine Story erzähle, will ich ja auch nicht, dass er mir ins Wort fällt, um eine Bagatelle geradezurücken. Damit nerven wir nämlich nicht nur uns, sondern im Zweifelsfall auch die anderen. Es gibt Ehepaare, die zerfleischen sich öffentlich über die Frage, ob auf der Berghütte Jagdwurst oder Zungenwurst serviert worden ist. Ein Drama für alle Beteiligten!

Ich glaube daran, dass Beziehungen jeder Art besser laufen, wenn ich nicht jede Kleinigkeit, die mich stört, zur Sprache bringe. Solche Gespräche laufen selten wie erwartet. Was sich im Kopf anhörte wie eine wohlgemeinte konstruktive Kritik, wird auf einmal ein Riesendrama. Aus »Ich wollte dir nur kurz sagen« wird ein Vorwurfspingpong, das nicht selten mit dem Schmetterball endet: »Du machst doch sowieso immer alles falsch.« Und dann wünschen wir uns, wir hätten nie damit angefangen. Viele Kleinigkeiten lösen sich von selbst, wenn ich ihnen keine Beachtung schenke. Es gibt schon genug Aspekte von Bedeutung im sozialen Leben, die geklärt werden müssen, da spare ich mir doch besser die unbedeutenden.

25.

WILL ICH WEITER
DARÜBER NACHDENKEN?

DER ZOO DES SCHRECKENS IST FÜR HEUTE GESCHLOSSEN

Gedanken kommen und gehen. Doch manche bleiben länger. Besonders negative Gedanken können hartnäckig sein. Sie nisten sich im Kopf ein und benehmen sich dort wie wilde Tiere. Sie brüllen und bedrohen uns. Sie lassen uns zittern und nervös werden und schlecht schlafen. Wir haben Angst vor ihnen. Mit jeder Minute, die wir mit ihnen verbringen, fühlen wir uns mieser. Und trotzdem werden sie von uns fürsorglich behandelt. Wir halten sie fest. Wir füttern den Groll. Wir vermehren die Selbstvorwürfe. Wir hegen die Zweifel. Wir pflegen die Sorgen. Wir bauen uns unseren persönlichen Zoo des Schreckens!

Sehr prominent im Eingangsbereich ist das Gehege mit den Kränkungen. Da ist zu besichtigen, was mein Mann Blödes zu mir gesagt, was meine Schwiegermutter Unverschämtes gemacht und mein Vater an Unfairness gezeigt, was diese blöde Radfahrerin mir im Vorbeifahren an den Kopf geworfen und der Kollege für einen fiesen Kommentar abgelassen hat. Die verletzenden Sprüche rotieren in meinem Kopf in einer Endlosschleife, und jedes Mal tut es wieder weh.

Gerne fügen wir der Kränkung noch Selbstvorwürfe hinzu und schelten uns für unsere passive/unangemessene/wütende/dumme Reaktion. Das Gehege der Kränkungen wird ausgebaut um die Abteilung »Schuldgefühle und Gewissensbisse«.

Ich kenne das. Nach jeder Konferenz, in der ich mich von Dirk wieder aus dem Konzept bringen lassen habe, stolziert in diesem Gehege die Szene meines Versagens herum und strahlt in allen Regenbogenfarben.

Etwas weiter weg vom Eingang finden wir im Zoo des Schreckens die schillernde Erlebniswelt der Interpretationen, in der wir den vermeintlichen Subtext einer Aussage suchen. Wie hat der Chef das heute gemeint? Was wollte die Nachbarin mir damit eigentlich sagen? Hat sie vielleicht gedacht, ich wäre …? Ruft mein Freund nicht an, weil ich was falsch gemacht habe? Hat die Lehrerin meines Kindes nicht doch komisch geguckt, als ich sie um diese Information gebeten habe? Und was um alles in der Welt sollte dieser Kommentar von meiner Mutter, dass sie bei Ulla Popken so hübsche Kleider gesehen habe? Denkt sie, ich sollte Diät machen?

Fragen, die wir uns selbst niemals korrekt beantworten, die aber jede Menge unangenehme Gefühle auslösen können.

Und dann gibt es weiter hinten im Zoo noch die Sorgensafari, in der sich all die kleinen und großen Dinge tummeln, von denen wir fürchten, dass sie eventuell schiefgehen könnten. Und wenn wir doch das Flugzeug verpassen, der Bus zu spät kommt, Stau ist? Was, wenn mein Sohn auf der neuen Schule gemobbt wird? Das Konzert langweilig wird, obwohl es so teuer war? Der Arzt mir irgendwas Schreckliches mitteilt? Das Hotel, das wir gebucht haben, laut und dreckig ist?

Sich vorausschauend Sorgen zu machen, ist definitiv das beste Mittel, um nachts keinen Schlaf zu finden. Sich auf Eventualitäten einzustellen und einen Plan B in der Tasche zu haben, ist gut. Sich zu ärgern oder zu ängstigen, bevor ein Problem überhaupt eingetreten ist, ergibt dagegen keinen Sinn. Nur die wenigsten Schreckensszenarien werden Realität. Und wenn dies passiert, findet sich in der Regel eine Lösung.

Sobald ich merke, dass mich meine Gedanken belasten, sollte ich mich fragen: Will ich wirklich weiter darüber nachdenken? Wenn nicht, muss ich einen Weg für mich finden, den Zoo des Schreckens zu schließen.

Es gibt jede Menge Vorschläge, wie sich das Gedankenkarussell stoppen lassen könnte. »Lass die Gedanken ziehen wie Wolken«, heißt es gerne in Meditationen. Das klappt bei mir so mittelmäßig, weil eine Wolke ja selten alleine am Himmel ist. Bei mir kommt es dann regelmäßig zu dichter Bewölkung.

Meine Taktik ist, konstruktiv zu denken und nach vorne zu schauen:

- Kann ich an der Sache noch etwas ändern?
- Möchte ich mit irgendwem etwas klären und wenn ja, wie bekomme ich das hin?
- Und ganz wichtig auch die Frage: Wie kann ich es beim nächsten Mal besser machen?

Wenn ich mich darauf konzentriere, wie ich in Zukunft mit solchen Schwierigkeiten umgehen kann, verlasse ich die Abteilung der Selbstvorwürfe und gehe in Richtung Selbstoptimierung und Gelassenheit.

Und was die Kränkungen angeht, versuche ich einfach, ihre Anwesenheit zu akzeptieren. Ja, da seid ihr hässlichen Gesellen, macht's gut. Vielleicht besuch ich euch morgen wieder, vielleicht aber auch nicht.

Das gelingt mir, indem ich aufhöre, mir die verletzende Situation immer wieder vorzuspielen. »Und dann hat er gesagt ... und dann hab ich ... und er wieder ...« Ja. So war es. Daran wird sich nichts mehr ändern, egal, wie oft ich es mir vorkaue.

Manchmal schreibe ich diese Dinge auf, so wie ich es mit Terminen oder Ideen mache. Dann stehen sie in meinem Notizbuch und ich brauche mich nicht aktiv daran zu erinnern. Kränkungen vergessen zu können, ist ein Garant für das eigene Wohlbefinden – und auch ein sehr wichtiges Mittel für eine gute Beziehung.

Wenn ich etwas Unangenehmes in der Hand habe, den Hundekotbeutel, ein verrotztes Taschentuch, eine klebrige Eisverpackung, dann werfe ich es ja auch in den nächsten Mülleimer. Ich trage es nicht freiwillig länger mit mir herum, als es unbedingt sein muss. Genauso versuche ich es mit negativen Erlebnissen zu machen.

FRAGEN, DIE ICH MIR NICHT STELLEN SOLLTE

WARUM HABEN ES ALLE ANDEREN BESSER ALS ICH?

Angesichts der Milliarden Hochglanzselbstdarstellungskanäle in den sozialen Medien drängt sich die Frage auf: »Warum haben es alle anderen besser als ich?« Da sind die Familien, die mit kleinen Kindern durch Mosambik reisen und es grandios finden, während wir immer nur nach Holland fahren. Die Best Ager, die auf Laufstegen ihre makellosen Beine zeigen, während ich mit Augenringen und Besenreisern hadere. Die Luxusauto-Besitzer, die ihre PS-Schlitten vorführen, während in meinem Auto noch ein Kassettendeck zu finden ist. Die Tortenbäcker, die kunstvolle Gebilde schaffen, während bei mir das Fondant verklumpt. Und natürlich all die anderen, die (angeblich) reich und (angeblich) schön sind!

Aber auch abseits der sozialen Medien lassen wir uns leicht blenden von dem Glück und Erfolg der anderen. Wie happy und verliebt Isabell und Malte auch nach zwanzig Jahren wirken! Wie viel sich Timo und Hakim leisten können! Wie toll und pflegeleicht die

Kinder von Selma sind! Wir brauchen auch im echten Leben keinen TikTok-Filter. Wir verklären das Bild der anderen von ganz allein und vergleichen es mit unserem durchschnittlichen Dasein – und fühlen uns schnell vom Schicksal benachteiligt.

Die Frage »Warum haben es alle anderen besser als ich?« ist die Garantie, unzufrieden zu werden. Und das ohne jeglichen Beleg dafür, dass es andere tatsächlich besser haben. Denn das, was wir von anderen sehen und hören, ist nur ein Ausschnitt. Ob Isabell ihren Malte nach unserem Treffen mit tagelangem Schweigen bestraft oder Timo und Hakim das neue Auto nur auf Pump gekauft haben oder Selmas Kinder sie in den Wahnsinn treiben, sobald sie zu Hause sind – das alles wissen wir nicht. Und vor allem ist es auch unerheblich für uns. An unseren persönlichen Umständen ändert sich dadurch überhaupt nichts. Ob wir unser Leben als erfüllend und schön bewerten, liegt nur an uns. Anstatt sich also zu fragen, warum es andere besser haben, ist die Frage viel sinnvoller: Was ist in meinem Leben gut?

Das können auch viele Kleinigkeiten sein. Wie ich letztens mit meinem Mann über diesen alten Bud-Spencer-Film gelacht habe. Wie schön das gemeinsame Pizzabacken mit den Kindern war. Und dass ich in meinem Auto immer noch die Kassette mit der italienischen Volksmusik hören kann, die wir vor Jahrzehnten mal auf einem Markt gekauft haben.

Und wenn sich die Frage, warum es andere besser haben, doch mal wieder ins Bewusstsein schleicht, kann ich einfach mal in die Suchmaschine eingeben: Stars + ungeschminkt. Dann weiß ich sofort, dass der Glanz oft nur Tünche ist und bei anderen auch nicht alles so glatt läuft, wie sie das vielleicht darstellen wollen.

26.

WIE SCHAFFE ICH ES, KRITIK ZU ÄUßERN, OHNE ANDERE VOR DEN KOPF ZU STOßEN?

EHRLICH WÄHRT AM FRIEDLICHSTEN

Mein Nachbarin Dilara hat versucht, ihrer Tochter Emina beizubringen, wie sie mit ihrer Freundin Johanna sprechen soll, wenn ihr was nicht passt. Dilara hat ihr die Technik der Ich-Botschaften erklärt. »Du sollst ihr nicht sagen: Du bist blöd. Sondern lieber beschreiben, wie du dich fühlst, wenn sie am Nachmittag nicht mit dir spielen will. Und dann das Ganze in eine Botschaft verpacken, die mit Ich anfängt.«

Am nächsten Tag hatte Emina wieder Streit mit Johanna. Dabei hätte sie sich an den Rat ihrer Mama gehalten, beteuerte Emina. Sie hätte eine Ich-Botschaft benutzt.

»Was hast du denn gesagt?«

»Ich bin sauer, weil du so blöd bist.«

Kritik zu äußern, ist ein schwieriges Geschäft. Aber wenn mich wirklich etwas an jemand anderem stört und ich möchte, dass sich das ändert, muss ich nun mal das Gespräch suchen. Das ist eine Gratwanderung. Kritik zu bekommen, ist nicht schön, das wissen wir alle. Es ist wie ein Gericht, das uns nicht schmeckt. Wenn es schlecht zubereitet ist oder im falschen Moment serviert wird, kann es sogar sein, dass wir es gar nicht runterkriegen.

»Du bist genauso dickköpfig wie deine Mutter« ist jedenfalls eine Gräte, die im Hals stecken bleibt. »Immer wälzt du alles auf mich ab. Nie kannst du auch mal an mich denken« – auch kein Satz, der runtergeht wie Öl. Die Worte »immer«, »alles«, »nie« und andere Pauschalurteile stehen zu Recht auf dem Index, wenn es darum geht, seine Kommunikation in Konflikten zu verbessern.

Kritik wird leichter verdaulich, wenn wir ein paar Sachen beachten:

- Nachdenken, was mich an der konkreten Situation/Angewohnheit genau stört und welche Auswirkungen es auf mich hat. An der Stelle hilft es, sich an die primäre Emotion zu erinnern. Und ehrlich zuzugeben, dass ich mich wütend oder traurig oder ängstlich fühle. Wenn ich dann noch erkläre, was genau diese Gefühle ausgelöst hat, kann mich der andere besser verstehen.
- Einen ruhigen Moment abwarten – für mich und für meinen Gesprächspartner.
- Sachlich bleiben. Keine persönlichen Anschuldigungen machen. Es ist ein Unterschied, ob ich sage »Du nervst« oder »Das nervt«.
- Situationsbezogen argumentieren und nur das erwähnen, was gerade aktuell ist. Nicht sämtliche störenden Verhaltensweisen auf einmal abarbeiten. So ein Rundumschlag fordert nur die Gegenwehr heraus.
- Am Ende einen Wunsch formulieren oder eine Lösung vorschlagen: »Ich würde mir wünschen, dass wir es in Zukunft anders machen.« Oder: »Vielleicht können wir es ab jetzt so und so vereinbaren.« Oder Ähnliches …

Jetzt muss ich nur noch meine Erwartungshaltung an die Reaktion des anderen kontrollieren. Ich wünsche mir natürlich, dass er sofort den Fehler einsieht und Besserung gelobt oder sich im Idealfall auch entschuldigt. Aber der Satz »Entschuldige, kommt nicht wieder vor« ist ein rares Fundstück in der menschlichen Kommunikation. Genau wie der Satz »Du hast recht«. Was zwar schade ist, aber leider die Realität.

Wenn ich also nicht sofort zu hören bekomme, was ich am liebsten hören würde, ist das noch kein Grund, mich zu ärgern – oder so lange weiterzubohren, bis es endlich gesagt wird. Wenn der andere bis dahin der Kritik gelauscht hat und noch nicht in den Abwehrmodus verfallen ist, ist das Drängen auf eine Entschuldigung meinerseits fast die Garantie für einen handfesten Streit. Ich habe gesagt, was ich sagen wollte. Jetzt muss ich meinem Gesprächspartner Zeit geben, das Gesagte zu verarbeiten. Und ich kann abwarten, wie er sich beim nächsten Mal verhält. Es kann ja sein, dass die Kritik doch angekommen ist.

27.

WIE KÖNNEN WIR
DAS LÖSEN?

GEMEINSAM AUF EINEN NENNER KOMMEN

Die Frage »Wie können wir das lösen?« bietet sich an in allen Situationen, in denen ich eine kontroverse Diskussion vermeiden oder beenden will. Sie hat wenig Konfrontationspotenzial und bietet jedem einen Ausweg, ohne das Gesicht zu verlieren. Bei der Auseinandersetzung mit der Kollegin, die partout behauptet, sie hätte nicht versäumt, die E-Mail zu schreiben, sie sei nur verloren gegangen. Oder bei der Organisation einer Familienfeier, wo Geschwister sich in die Haare kriegen, weil jeder meint, die bessere Idee zu haben. Wenn ich in der Situation zum Angriff übergehe und Vorwürfe mache, eskaliert es meistens wieder zu einem nervigen Streit. Besser das Problem neutral darstellen und mit »Wie können wir das lösen?« beenden. Diese Frage ermöglicht es, konstruktiv zu denken, anstatt sich in gegenseitigen Schuldzuweisungen zu ergehen. Wenn die Lösung noch nicht in Sicht ist, kann ich eine Pause vorschlagen. »Dann lasst uns drüber nachdenken und dann finden wir sicher zusammen eine Lösung.«

Schon beruhigen sich alle.

28.

WIE SCHAFFE ICH ES, MIT KRITIK ENTSPANNT UMZUGEHEN?

KRÖTENSCHLUCKEN LEICHT GEMACHT

Ein klassischer Reflex auf einen Vorwurf ist, ihn rundheraus abzulehnen. »Wenn du kochst, sieht die Küche danach aus wie Sau.«
»Stimmt doch gar nicht!«

Wir fühlen uns unfair beurteilt und wehren uns reflexhaft. Aber sich im Recht fühlen und im Recht sein sind zwei verschiedene Dinge. Auch wenn wir es nicht wahrhaben wollen: Wir haben genauso viele merkwürdige Angewohnheiten wie andere auch. Eigenheiten, Macken, Special Effects – wie immer man es nennt: Jeder Mensch hat seinen eigenen bunten Strauß an Besonderheiten. Aber auch wenn uns das bewusst ist, ist es nicht leicht, darauf hingewiesen zu werden. Es kratzt an unserem Ego. Wir fühlen uns missverstanden. Ungerecht behandelt.

Trotzdem lohnt es sich, zuzuhören. Wie mein Verhalten bei anderen ankommt, kann ich nämlich nicht beurteilen. Was die eine Person nett findet, stößt bei einer anderen vielleicht auf Ablehnung. Und es liegt nicht in meiner Macht, die Bewertung von anderen zu beeinflussen.

Meine Familie zum Beispiel liebt meine Rote Linsensuppe mit Kreuzkümmel. Als ich meinen Freundinnen das gleiche Gericht serviert habe, war das Entsetzen groß. »Sorry, aber ich hasse Kreuzkümmel«, sagte Daniela. »Das kann ich einfach nicht essen.« Im ersten Moment war ich enttäuscht. Aber ich bin froh, dass ich das nun weiß und wir den nächsten gemeinsamen Abend kreuzkümmelfrei genießen können.

Beim letzten Junggesellinnenabschied waren alle froh, dass ich die Organisation übernommen hatte. Überzeugt, dass ich allen einen

Riesengefallen tue, habe ich mir dann beim Schulfest ebenfalls den Orga-Hut aufgezogen. Bis mich eine andere Mutter beiseitenahm und mir sagte, dass die anderen Eltern sich etwas überfahren fühlen von meinem Übereifer. Natürlich war mir das unangenehm, aber als ich mich gebremst habe, war der Elternfrieden wiederhergestellt – und ich war eine Menge Aufgaben los. Win-win.

Wenn der andere sich mit meinem Verhalten unwohl fühlt, sollte ich zumindest überlegen, ob an dem Vorwurf nicht doch was dran ist. Ich möchte auch, dass andere meine Kritik ernst und – wenn möglich – annehmen. Also sollte ich es selbst auch tun. Natürlich ist es trotzdem nicht einfach. Besonders, wenn meine Erwartungen an mich selbst zu hoch sind, fällt es schwer, einen Fehler zuzugeben. Wenn ich von mir Perfektion erwarte, wird mich Kritik mehr treffen, als wenn ich auch mir Schwächen zugestehe.

Deshalb sollte ich mir vor Augen halten, dass es mich als Mensch nicht weniger wertvoll macht, wenn andere mich auf meine Fehler hinweisen. Wenn meine Freundinnen mein Essen kritisieren, heißt das ja nicht, dass sie *mich* nicht mögen. Wenn ich auf der Arbeit mal etwas falsch gemacht habe, bin ich noch lange keine schlechte Mitarbeiterin. Wenn mein Mann mich auf eine blöde Angewohnheit hinweist, heißt das nicht, dass er mich weniger liebt.

Kritikfähig zu sein bedeutet aber nicht, dass ich alles schlucken und jeden Hinweis auf mögliche Fehler einsehen muss. Besonders, wenn der andere sich nicht an die Regeln für gutes Kritisieren hält.

Persönlich verletzende Kritik, aggressiver Tonfall, destruktive Wortwahl – all das muss ich mir nicht anhören. Vor allem sollte ich mir solche Kritik nicht zu Herzen nehmen. Die Absicht des anderen ist in dieser Situation (ob bewusst oder unbewusst) keine gute. Wenn mir die andere Person wichtig ist und mir an einer Verständigung etwas liegt, dann hilft in so einer Situation nur, ruhig zu bleiben. Das ist sehr schwierig. Denn wenn jemand laut wird oder persönlich beleidigt, provoziert das eine heftige körperliche und emotionale Reaktion. Die eigenen Gefühle und Gedanken überschlagen sich und oft verfällt man in den Verteidigungsmodus und schreit zurück. Aber das bringt leider nur noch mehr Ärger.

Für solche Fälle ist es gut, wenn ich ein Repertoire an Sätzen habe, die mir helfen, ruhig zu bleiben.

Zum Beispiel:
- »Wir können über die Angelegenheit sprechen, aber nicht in diesem Ton.«
- »Ich schlage vor, Sie beruhigen sich, und dann können wir noch einmal darüber reden.«

Wenn jemand berechtigte Kritik äußert und ich noch nicht sofort bereit bin, ihm recht zu geben, kann ich mir auch Zeit zum Nachdenken verschaffen. »Danke für den Hinweis. Ich denke darüber nach.«

Dann habe ich die Möglichkeit, mein Verhalten oder den Vorgang zu analysieren. Wo habe ich etwas falsch gemacht, wo gab es vielleicht Fehler im System, was hat mich dazu gebracht, diese Entscheidung zu treffen? Wenn es Unklarheiten gibt: noch mal nachfragen. Falls es Missverständnisse gibt: aufklären. Und wenn ich wirklich einen Fehler gemacht oder mich nicht korrekt verhalten habe: den Fehler zugeben, es beim nächsten Mal besser machen – und mir verzeihen.

Falls mir das schwerfällt, kann ich zurückkommen zu Frage 3: Bin ich so nett zu mir selbst wie zu anderen? Ich überlege: Was würde ich meiner Freundin oder meiner Kollegin sagen, wenn sie in meiner Situation wäre? Ich würde sie aufmuntern und ihr gut zureden. Ich würde sagen: Schwamm drüber. Das Gleiche sollte ich mir auch zugestehen. Wenn ich anderen Fehler verzeihe, kann ich es bei mir auch tun.

29.

WIE GEHE ICH MIT MENSCHEN UM, DIE KEINE KRITIK ANNEHMEN KÖNNEN?

ANGRIFF IST DIE SCHLECHTESTE VERTEIDIGUNG

Es gibt leider Menschen, die keine Kritik vertragen können. Diese Kritik-Allergie äußert sich zum Beispiel darin, dass sie beleidigt sind, sich zurückziehen oder den anderen mit Schweigen bestrafen. Andere wiederum reagieren unmittelbar und schlagen sofort zurück. Eine beliebte Taktik dabei: das Blame-Shifting (Schuldverschiebung) – auf jede Kritik sofort mit einem Gegenvorwurf reagieren, der oft gar nichts mit der Situation zu tun hat. Auch persönlich beleidigende Angriffe gehören zum giftigen Arsenal der Blame-Shifter.

- Ich spreche meine Kollegin auf den fehlenden Bericht an – und sie regt sich darüber auf, dass ich neulich vergessen habe einen wichtigen Anruf beim Kunden zu machen, weswegen das ganze Projekt fast gescheitert wäre. Wenn ich darauf anspringe, diskutieren wir also über meinen angeblich vergessenen Anruf anstatt über den fehlenden Bericht.

- Ich bitte meine Ehefrau, Termine besser mit mir abzusprechen, der geplante Theaterbesuch mit Freunden würde mir gar nicht passen. Sie wirft mir plötzlich vor, dass ich neulich abends viel zu spät gekommen sei, und überhaupt, wo ich denn nach Feierabend gewesen sei, sie habe sich ja sonst was gedacht. Sie fängt an zu weinen. Anstatt über die Terminplanung zu sprechen, tröste ich sie.

- Ich weise meinen Freund darauf hin, dass ich sein Verhalten gegenüber einer anderen Person nicht richtig finde. Er äfft mich völlig übertrieben nach und erntet Lacher in der Clique.

- Ich kritisiere meine Freundin, weil sie sich um unangenehme Aufgaben drückt, sodass ich sie am Ende übernehmen muss. Sie sagt plötzlich, ich sei so rechthaberisch und das sei auch schon anderen Freundinnen aufgefallen. Karla habe auch schon gesagt, dass ich …

Leute, die Blame-Shifting betreiben, schaffen es also im Handumdrehen, dass es wieder um mich und meine Fehler geht, während ihre Fehler nicht mehr zur Sprache kommen. Es ist wie verbales Jiu-Jitsu. Der Angegriffene weicht dem Schlag aus, um die Angriffsenergie zurück zum Angreifer zu lenken. Es fällt unter die manipulativen Gesprächstaktiken. Auch sie werden oft unbewusst angewendet.

Wichtig ist als Erstes für mich, dieses Verhalten zu durchschauen. Aha, jetzt kommt wieder eine Schuldverschiebung. Aha, er versucht wieder, von sich abzulenken. Aha, sie greift mich an, um nicht selbst angegriffen zu werden. Wenn ich das erkannt habe, unterliege ich nicht so schnell dem Rechtfertigungsdrang, in den mich die (unsachliche) Kritik oder der Gegenangriff bringt. Und dann hilft nur, ruhig zu bleiben und auf den Punkt zurückzukommen, den ich ursprünglich angesprochen habe. Zum Beispiel mit Entgegnungen wie: »Darüber können wir gerne ein anderes Mal reden, jetzt würde ich gerne erst mal mit dir überlegen, wie wir unsere Aufgaben besser aufteilen / unsere Termine besser absprechen / verhindern, dass es noch einmal zu Missverständnissen kommt …«

30.

WAS PASSIERT,
WENN ICH NACHGEBE?

GEWINNEN KANN ICH NUR, WENN ICH NICHT SIEGEN WILL

Es passiert immer wieder: Auf die (vermeintlich) gut gemeinte, konstruktiv vorgetragene Kritik reagiert der andere nicht so, wie ich mir das vorgestellt habe. Ein Wort gibt das andere, und auf einmal stelle ich fest, dass wir den ICE nach Eskalation bestiegen haben. In dem ICE geht es hoch her, weil jeder dem anderen klarmachen möchte, dass er noch schlimmer ist als man selbst. Der Zug fährt an den Stationen »Meinungsverschiedenheit«, »Kleiner Streit« und »Beleidigungstown« vorbei und rast weiter Richtung »Riesenzoff«. Einmal so in Fahrt, gibt es kaum noch ein Entkommen.

Ich könnte natürlich die Notbremse ziehen. Aber warum sollte ich? Habe ich das nötig? Soll der andere sie doch ziehen!

Und wenn wir beide so denken, ist sie da: die klassische Pattsituation.

Einen Ausweg bietet die Frage, was eigentlich passieren würde, wenn ich nachgebe?

Was verliere ich, wenn ich nachgebe?

Im ersten Moment ist es vielleicht nicht angenehm. Ich fühle mich schwächer als der andere, wenn ich klein beigebe. Es wirkt wie eine Niederlage. Aber ist sie das auch?

Was gewinne ich, wenn ich nachgebe?

Ich zeige die Größe, die ich mir vom anderen erhoffe. Der Zug fährt langsamer, vielleicht bleibt er ganz stehen. Der Streit hört auf. Ich verhalte mich so, wie ich es mir vom anderen wünsche. Damit steigen die Chancen, dass der andere beim nächsten Mal auch bereit ist, den ersten Schritt zu machen und auf mich zuzugehen. Im Idealfall bereite ich den Boden für eine neue Streitkultur, in der sich keiner von uns beiden unterlegen fühlt, nur weil er einen Fehler einräumt. In einem Streit kann ich nur gewinnen, wenn ich den anderen nicht besiegen will.

31.

LIEGT DAS IN
MEINER MACHT?

VON STOIKERN LERNEN HEISST ENTSPANNEN LERNEN

Die Welt ist hart und ungerecht. Die Bahn kommt nicht, der Vater ist notorisch beleidigt, der Chef ein Besserwisser, die Tochter verträumt, die Freundin rasselt durch die Diplomprüfung, die Ehefrau hat kein Interesse an meinem Hobby, die Nachbarin verdient viel mehr als ich – und mein Zahnarzt erst. Es gibt Stau, Hitze, Krankheiten, Inflation und Körperfettwaagen. Es gibt jede Menge rücksichtslose Menschen. Mietnomaden, Raser, Grapscher, Stalker und Betrüger. Leute, die mich nicht leiden können, auch wenn ich mich noch so bemühe.

Würde ich das alles gerne ändern?

Ja.

Kann ich es?

Nein.

Gründe, um deprimiert, ängstlich und unglücklich zu sein, gibt es genug. So viele Quellen für Unzufriedenheit strömen jeden Tag von den verschiedensten Stellen auf uns ein. Was aber nicht bedeutet, dass ich ihnen ausgeliefert bin und unzufrieden sein *muss*. Ich kann mich dagegen wehren.

Indem ich meine Einstellungen anpasse und dadurch auch meine Gefühle in den Griff bekomme.

Schwierigkeiten gibt es immer.

Es liegt an mir, wie ich mit diesen Schwierigkeiten umgehe. Dabei hilft es, zu unterscheiden, auf welche Dinge ich Einfluss nehmen kann und auf welche nicht.

Schon die Philosophen im alten Griechenland haben sich mit dieser Frage beschäftigt. Die Stoiker haben sie sogar zu einer zentralen

Aussage ihrer Lehre erhoben. Epiktet, 55 nach Christus geboren und neben Kaiser Marc Aurel einer der wichtigsten Vertreter dieser stoischen Philosophie, schrieb dazu: »Einige Dinge sind in unserer Gewalt, andere nicht. In unserer Gewalt sind: Meinung, Trieb, Begierde, Widerwille, kurz: alles, was unser eigenes Werk ist. – Nicht in unserer Gewalt sind: Leib, Vermögen, Ansehen, Ämter, kurz: alles, was nicht unser eigenes Werk ist.«[6]

Um Seelenruhe – oder auch die berühmte stoische Gelassenheit – zu erlangen, muss ich diese Unterscheidung anerkennen. Denn sehr viel Unzufriedenheit entsteht daraus, dass ich versuche, Dinge zu ändern, die nicht zu ändern sind. Epiktet drückte es so aus: »Denn begehrst du etwas, das nicht in deiner Macht steht, wirst du unglücklich werden.«[7]

Wie recht er hatte! Das habe ich neulich gemerkt, als ich mit dem Auto unterwegs war. Ich hatte einen Arzttermin, auf den ich eine Ewigkeit gewartet hatte, und wollte dann weiter zu meiner Tante, für die ich eine Besorgung gemacht hatte. Um vier musste ich wieder zurück sein, weil ich dann noch einen Termin mit den Kindern hatte. Aber es war alles genau geplant. Bis auf den Stau, ein paar Kilometer vor der Arztpraxis. Am Anfang versuchte ich es mit beschwörendem Gemurmel: »Nun fahrt doch mal endlich.« Es nützte nichts. Die Zeit verstrich. »Wo wollen die denn alle hin?«, fing ich an mich aufzuregen, als ob ich die Einzige mit Freifahrtschein wäre. Millimeterweise kroch ich auf eine Kreuzung zu. Als es endlich grün wurde, konnte ich nicht fahren, weil die von der anderen Seite die Kreuzung blockiert hatten. Ich trommelte auf das Lenkrad, stöhnte gestresst und schaute alle paar Minuten auf die Uhr. Hat es etwas genützt? Nein. Das Einzige, was ich beeinflussen konnte, war mein Blutdruck.

Den Verkehrsfluss kann ich mit noch so viel Huperei und Geschimpfe nicht ändern – aber meine Einstellung zur Situation. Meine Gedanken unterliegen meinem Einfluss – genau wie meine Termine, die ich verschieben oder absagen kann. Ich hatte nicht die Wahl, schneller ans Ziel zu kommen. Aber ich hatte die Wahl, wie ich mich in der Situation fühlte.

Ich atmete tief durch. Rief beim Arzt an und sagte, dass ich den Termin leider nicht einhalten konnte. Die Sprechstundenhilfe war sehr nett und gab mir kurzfristig einen anderen Termin.

Dann saß ich einfach in meinem Auto und hörte Musik. Schaute mir die Häuser und die Leute an, an denen ich vorbeituckerte.

Die emotionale Bewertung einer Situation liegt ausschließlich bei mir. Wenn ich es nicht als verschwendete Lebenszeit ansehe, dann ist es auch keine.

Gelassen zu bleiben, wird oft noch schwieriger, wenn andere Menschen involviert sind und sich verletzend verhalten. Anja zum Beispiel hat ein Problem mit ihrer Schwiegermutter Karin. Karin mischt sich in die Terminplanung von Anja und Rainer ein, indem sie Rainer zu unmöglichen Zeiten für sich beansprucht. Sie legt sogar Arzttermine, zu denen Rainer sie begleiten soll, auf Anjas Geburtstag. Karin macht spitze Bemerkungen über Anjas Aussehen und serviert gerne Bohnen mit Speck, obwohl Anja kein Fleisch isst. Anja hat alles versucht, um die Beziehung zu verbessern. Sie hat ihrer Schwiegermutter Blumen gebracht und neue Bücher, die ihr gefallen könnten. Anja hat ihr im Garten geholfen, ihr nach der Hüft-OP einen Reha-Platz besorgt und sie im eigenen Haus bedient. Anja hat versucht, mit Karin über die angespannte Beziehung zu sprechen, aber das wurde abgeblockt.

»Sie mag mich einfach nicht«, hat Anja mir mehr als einmal vorgejammert. »Ich hab doch schon alles versucht. Was soll ich denn noch tun?«

So traurig es ist: nichts. Anja könnte sich auf den Kopf stellen und mit den Füßen Akkordeon spielen – ihre Schwiegermutter würde sie nicht anerkennen. Wie Karin tickt, wie sie denkt und fühlt, darauf hat Anja keinen Einfluss. *Das Verhalten der Schwiegermutter liegt nicht in ihrer Macht.* Sie kann es nicht ändern. Was Anja ändern kann, ist ihre Einstellung dazu. Sie kann sich von der Vorstellung einer harmonischen Beziehung zu ihrer Schwiegermutter lösen. Und aufhören, es zu versuchen. Denn jeder gescheiterte Versuch, die Schwiegermutter von sich zu überzeugen, hat Anja erneut zugesetzt. Die Quelle der Unzufriedenheit konnte immer weiter sprudeln. Wenn sie einfach akzeptiert, dass es so ist, wie es ist, bringt sie die Quelle zum Versiegen.

Zudem kann Anja ihre eigenen Grenzen ziehen und Regeln für die Terminplanung der Familie festlegen, sodass diese nicht immer von der Schwiegermutter torpediert werden kann. Dazu müssen aber ihr Mann und ihre Tochter mitziehen. Anja kann Rainer dazu bringen, seiner Mutter Grenzen aufzuzeigen – falls er bereit dazu ist. Ansonsten bleibt ihr leider nichts anderes übrig, als sich mit der Situation abzufinden. Das mag nicht schön sein, ist aber auch eine große Befreiung. Unrettbar verlorene Beziehungen loslassen zu können, ist ein entscheidender Schritt zum Lebensglück.

Meine Freundin Nicole hatte mal einen On-off-Freund, der sich nicht festlegen wollte. Mal versprach er, mit ihr zusammenzuziehen, dann wieder redete er davon, nach Irland auszuwandern. Er sagte, er wolle Kinder, dann wieder zögerte er und pries seine Freiheit. Mit anderen Worten: Er konnte sich nicht für ein gemeinsames Leben mit Nicole entscheiden. Sie litt so lange darunter, bis sie erkannte: »Wenn er sich nicht entscheiden kann, entscheide ich mich.« Nicole hat mit ihm Schluss gemacht und war zwar auch traurig, aber vor allem war sie stolz auf sich. Er hatte sich nicht für sie entschieden, also hatte sie sich gegen ihn entschieden.

Sie hat sich von der abwartenden, erduldenden Person in eine handelnde Person verwandelt. Sie hat das geändert, was in ihrer Macht lag.

Wir können nicht entscheiden, was uns im Leben passiert. Wir können nur entscheiden, wie wir damit umgehen. Diese Freiheit kann uns niemand nehmen.

32.

MUSS ICH MICH DAFÜR RECHTFERTIGEN?

PERSÖNLICHE AUTOKORREKTUR ABSCHALTEN

Neulich habe ich mir in der Bücherei einen seichten Schmöker ausgeliehen, irgendwas mit Zitronenkuchen und Sommer. Das Cover sah so schön aus, es hat mich einfach angelacht. Auf dem Weg nach draußen traf ich eine Bekannte, die immer nur anspruchsvolle Biografien und Klassiker liest. Sie wollte wissen, was ich mir ausgeliehen hätte. »Ach, nur so was für zwischendurch. Ich habe gerade so ein kompliziertes Buch gelesen, da brauchte ich mal 'ne Abwechslung«, sagte ich hastig.

Ich ertappe mich oft dabei, wie ich aus einfachen Antworten wortreiche Rechtfertigungen mache. Mein Mann stellt mir eine einfache Frage: »Haben wir noch Brot?« Eigentlich eine klare geschlossene Frage, auf die es nur zwei Antwortmöglichkeiten gibt. Ja oder nein. Was ich draus mache, ist: »Ich hatte noch keine Zeit, welches zu backen. Und einkaufen habe ich heute auch nicht geschafft. Aber ich glaube, da ist noch Toast.«

Oder: Meine Freundin ruft an und sagt, sie hätte es gestern schon mal bei mir versucht. »Ja, ich war total im Stress«, plappere ich los, »ich musste meinen Sohn zum Kindergeburtstag fahren, einkaufen und bei meiner Tante vorbeischauen, die kommt ja alleine nicht mehr so gut zurecht.«

Selbst bei Komplimenten schaffe ich es nicht, meinen Rechtfertigungsdrang zu unterdrücken. »Du hast aber ein schickes Kleid an! Ist das neu?«, sagt meine Mutter. Und ich: »Ja, war ein totales Schnäppchen im Schlussverkauf, da habe ich zugeschlagen, wo ich mir sonst fast nie was kaufe.«

Ich verteidige mich, obwohl mich niemand angegriffen hat.

Wenn meine Chefin in den Raum ruft, wir sollten sicher sein, was unsere Quellen angeht, muss ich mich nicht rechtfertigen, dass ich das selbstverständlich immer so mache und erst gestern hätte ich noch mal bei meinem Interviewpartner angerufen und so weiter. Ich weiß sowieso, dass ich meine Arbeit gründlich mache – also kann ich die Bemerkung meiner Chefin auch einfach unkommentiert lassen.

Es können viele Gründe dahinterstecken, warum ich mich reflexhaft rechtfertige. Ein diffuses Schuldgefühl, die Angst, einen Fehler gemacht zu haben, mangelnde Selbstsicherheit. Es hat auch sehr viel mit der Erwartungshaltung zu tun, die ich an mich habe. Wenn ich mich rechtfertige, entschuldige ich mich quasi, dass ich nicht meinen Erwartungen oder den vermeintlichen Erwartungen anderer entspreche. Ich mache mir das Leben leichter, wenn ich den Rechtfertigungsreflex ablege. Dafür sollte ich mir zuerst einmal bewusst machen, wann und wie ich mich rechtfertige. Dann kann ich versuchen, es zu lassen.

Schutz vor der Rechtfertigungsfalle bietet der Trick, genau zuzuhören, was eigentlich gesagt oder gefragt wurde. *Denn oft ist das, was gesagt wird, gar nicht das, was ich höre.*

Bevor ich also vorschnell antworte, überlege ich: Wie war der exakte Wortlaut? Was hat er genau gesagt? Was hat sie genau gefragt?

Wenn ich mich nur an diese Informationen halte und sie nicht im Kopf mit anderen Informationen vermische, die sich aus meinen Gefühlen oder meiner Erwartungshaltung speisen, widerstehe ich leichter dem Drang, wortreiche Entschuldigungen vorzubringen. Wenn ich mich an die Informationen halte, die ich bekommen habe, dann brauche ich auch nur die Informationen zu geben, die der andere haben möchte. Das mache ich, indem ich die Frage genau so beantworte, wie sie gestellt wurde.

Aus kompliziert wird einfach.

Anstatt kompliziert:

»Wann kommst du nach Hause?«

»Ich muss mal gucken, ich habe wahnsinnig viel zu tun. Und dann muss ich auch noch einkaufen gehen. Wenn es dir zu spät wird, dann iss halt schon alleine.«

Einfach:

»Wann kommst du nach Hause?«

»Vermutlich zwischen halb acht und acht. Ich sag dir von unterwegs Bescheid.«

Anstatt kompliziert:

»Kannst du mich nachher mitnehmen?«

»Oh, ich muss noch Leergut wegbringen, dann wollte ich eventuell bei meinen Eltern vorbeischauen. Wenn dir das alles nichts ausmacht, kannst du mitfahren. Obwohl es vermutlich ziemlich lange dauert.«

Einfach:

»Kannst du mich nachher mitnehmen?«

»Tut mir leid, heute passt es nicht. Ein anderes Mal gerne.«

Anstatt kompliziert:

»Wollen Sie nicht die Arbeitsgruppe Mensa übernehmen?«

»Also, im Moment hab ich wirklich so einen Stress auf der Arbeit und wir bauen unser Haus um und vermutlich … also, wie viel muss ich denn dafür machen, weil ich weiß nicht, wie viel Zeit mir für so was bleibt, und …«

Einfach:

»Wollen Sie nicht die Arbeitsgruppe Mensa übernehmen?«

»Nein. Das geht leider nicht.«

Es hat eine erstaunlich beruhigende Wirkung, wenn ich auf einfache Fragen auch einfach antworte oder Komplimente ohne Umschweife annehme. Es bringt nicht nur Klarheit in der Kommunikation, sondern auch Klarheit in meinen Gedanken.

33.

IST ETWAS NUR GUT, WENN ICH DAFÜR GELOBT WERDE?

MEINE FLEIßKÄRTCHEN VERTEILE ICH SELBST

Neulich bin ich in den Putzrausch verfallen und habe die Dunstabzugshaube gereinigt, die Küchenfronten poliert und den Vorratsschrank ausgemistet. Als mein Mann nach Hause kam, sah ich ihn ganz erwartungsfreudig an. Er runzelte die Stirn. Ich gab ihm einen Tipp, damit er das ganze Sauberkeitswunder erfassen konnte. »Geh mal in die Küche«, sagte ich. Er ging in die Küche. Schaute sich um. Kratzte sich am Kopf. »Merkst du nichts?«, fragte ich.

»Ähm, es riecht komisch?«

Ich klärte ihn also über meine Heldentaten auf, er nickte, sagte »Schön« und ging dann raus, um mit unserem Sohn im Garten eine Runde zu kicken. »Egal«, sagte ich mir tapfer, »ich weiß, wie viel Arbeit das war und wie sauber es jetzt ist.« Trotzig nahm ich einen Lappen und wischte noch mal über die blinkende Küchenfront.

Während wir negative Kritik am liebsten gar nicht hören, können wir von positiver Kritik in der Regel nicht genug bekommen. Lob und Anerkennung sind eine wichtige Triebfeder für das eigene Verhalten. Wenn sie ausbleiben, sind wir schnell enttäuscht. Es fühlt sich an, als ob die Leistung geschmälert würde. Auch lassen wir uns schnell verunsichern, wenn uns niemand Komplimente macht für die neue Frisur oder das neue Kleid. Vielleicht sind sie doch nicht so schön wie gedacht?

Um in diesem Punkt gelassener zu werden, kann ich mir wieder bei der Philosophie des Stoizismus etwas abschauen. Zum Thema Lob und Anerkennung schrieb einer der bedeutendsten Vertreter dieser Denkschule, Kaiser Marc Aurel, in seinem Handbuch *Wege zu sich selbst*: »Alles Schöne, egal von welcher Art es auch sein mag, ist an und für sich schön, […], das Lob bildet keinen Bestandteil seines Wesens. Das Lob macht einen Gegenstand weder schlechter noch besser. […] Verliert ein Smaragd an seinem Werte, wenn er nicht gelobt wird? Und ebenso das Gold, […], eine Blume, ein Strauch?«[8]

Ich finde diese Sichtweise sehr beruhigend. Damit befreie ich mich von der Notwendigkeit, auf Anerkennung von anderen angewiesen zu sein. Ob es um eine neue Bestzeit auf der Joggingrunde geht oder die gute Klärung eines Konflikts oder darum, dass ich mit vorausschauendem Fahren einen Unfall verhindern konnte – diese Leistungen bleiben Leistungen, egal, ob sie jemand lobt oder nicht. Ich kann auch ohne Bestätigung durch andere Menschen zufrieden mit mir sein. Oder anders gesagt: Ich kann mir auch selbst Fleißkärtchen geben und mich darüber freuen. Emotionale Unabhängigkeit von Lob sorgt automatisch für mehr Gelassenheit.

FRAGEN, DIE ICH MIR NICHT STELLEN SOLLTE

WOMIT HABE ICH DAS NUR VERDIENT?

Diese Frage ist – mit Verlaub – blanker Unsinn.

Wenn ich sie mir in einer Situation stelle, die ich selbst verursacht habe, zeigt sie mangelndes Verantwortungsgefühl für mein eigenes Handeln und schiebt es irgendeiner göttlichen Macht zu, die mich gelenkt hat. Kann ich natürlich machen. Aber dann muss ich mich nicht wundern, wenn ich bald wieder in ähnlichen Schwierigkeiten stecke.

Wenn ich mir die Frage in einer Situation stelle, die ich *nicht* selbst durch mein Handeln hervorgerufen habe, bringt sie ebenfalls nichts außer Ärger und Unfrieden. Es gibt darauf nämlich keine Antwort, die mich mit dem Schicksal versöhnen könnte. Schließlich erkläre ich mich schuldig für etwas, das ich nicht verschuldet habe. Damit suche ich nach irgendeiner Sünde, die die verdiente Strafe heraufbeschworen hat. Was bedeuten würde, dass es eine Art kosmische Gerechtigkeitsinstanz gäbe, die darüber waltet, dass Schlechtes nur schlechten Leuten passiert. Aber die gibt es nicht.

Gute Dinge passieren schlechten Leuten, und schlechte Dinge passieren guten Leuten. So ist das Leben.

34.

WAS ERWARTE ICH EIGENTLICH?

REGELMÄßIGES UPDATE FÜR DIE ERWARTUNGSHALTUNG

Wir besuchten Freunde in der Normandie, die dorthin ausgewandert sind. Lars und Marie machten einen Spaziergang mit uns, es ging runter in ein Hafenbecken, das bei Ebbe zugänglich war. Der Weg hinunter führte über eine mit Algen bewachsene Rampe. Vorsichtig setzte ich einen Fuß vor den anderen. Als ich aufblickte, waren Lars und Marie schon längst unten. »Das ist nicht rutschig«, riefen sie. »Auch wenn es so aussieht.« Tatsächlich. Die Algen waren ein grüner trittfester Teppich. Meine Vorsicht war in dem Fall unbegründet gewesen. Meine Erwartungen wurden nicht erfüllt.

Die Erwartungshaltung ist eine elementare Begleiterin in unserem Leben. Sie bringt uns dazu, vernünftig zu handeln.

Sie hindert uns daran, auf rutschigem Boden zu rennen oder dem Löwen einen Tritt zu geben, weil es auf dem Foto nicht so gut aussieht, wenn der König der Savanne nur rumliegt und pennt. Jedenfalls, wenn die Erwartungshaltung richtig eingestellt ist. Wenn ich davon ausgehe, dass der Löwe sich gerne von mir aufscheuchen lässt, werde ich im schlimmsten Fall gefressen.

Aber auch abseits von solch dramatischen Ereignissen kann eine falsche Erwartungshaltung zu Problemen führen.

• Wenn ich mich permanent vom Leben enttäuscht fühle, könnte es an zu hohen Erwartungen liegen.
• Wenn ich von vornherein erwarte, sowieso enttäuscht zu werden, lähmt mich diese pessimistische Einstellung und hindert mich daran, meine Ziele zu verfolgen.

Eine gut eingestellte Erwartungshaltung dagegen trägt also dazu bei, unser Leben erfolgreich zu meistern.

Wenn Erwartungen nicht erfüllt werden, kommt es entweder zu einer positiven oder zu einer negativen Überraschung. Die positive Überraschung ist natürlich viel attraktiver. Wenn wir nicht viel von der Party erwarten und sie wird auf einmal grandios und alle tanzen bis in den Morgen hinein, beschert uns das eine Menge Glücksgefühle. Wenn wir uns die Party des Jahres erhoffen, aber irgendwie bleiben die anregenden Gespräche aus, die Musik ist so lala und keiner in Tanzstimmung, die Freunde müssen früh weg – dann sind wir negativ überrascht. Oder anders ausgedrückt: Dann sind wir enttäuscht. Enttäuschung tut weh. Sie entsteht da, wo sich zwischen Erwartung und Wirklichkeit eine Lücke auftut. Die positive Überraschung nehmen wir gerne, die Enttäuschung wollen wir vermeiden. Um das zu schaffen, müssen wir unsere Erwartungshaltung entsprechend einstellen.

»Wenn Sie von niemandem etwas erwarten, werden Sie nie enttäuscht«, hat Sylvia Plath gesagt. Das mag richtig sein, ist aber leider auch eine sehr deprimierende Sichtweise. Und wenn ich mir die Biografie der Dichterin anschaue, schließe ich daraus, dass sie kein glücklicher Mensch gewesen ist.

Immer vom Schlechtesten auszugehen, mag vor Enttäuschungen bewahren, aber hilfreich ist diese Einstellung nicht. Sie verhindert nämlich negative Gefühle nicht, sondern nimmt sie häufig nur vorweg. Der Gedanke, dass es eh nicht klappen wird, dass ich nie einen Mann finden werde, die Bahn überfüllt sein wird und ich die ganze Zeit stehen muss, den Job sowieso nicht bekomme, meine Kochversuche misslingen, die Wanderung schrecklich anstrengend wird, versetzt uns schon in Alarmstimmung, bevor überhaupt etwas passiert ist – mit den dazugehörigen körperlichen Stresssymptomen.

Dazu kann das Phänomen der sich selbst erfüllenden Prophezeiung kommen, nach dem sich die Wahrscheinlichkeit, dass ein Ereignis eintritt, schon allein deshalb erhöht, weil man erwartet, dass es eintritt.

Meine Einstellung beeinflusst mein Verhalten. Wenn ich in ein Vorstellungsgespräch gehe in der Erwartung, dass ich die Firma sowieso nicht von mir überzeuge, strahle ich auch keine Zuversicht aus. Die Wahrscheinlichkeit, dass ich genommen werde, sinkt dramatisch. Immerhin kann ich dann später sagen: »Ich hab ja gewusst, dass es schiefgeht.« Mehr Positives ist nicht zu finden in dieser pessimistischen Haltung.

Mit welcher Erwartungshaltung ich durchs Leben gehe, bestimmt maßgeblich meine Zufriedenheit. Wenn ich von meinem Mann erwarte, dass er mir jede Woche Blumen mitbringt, oder von meiner Frau, dass sie mir eine Vintage Rolex zum Geburtstag schenkt, werde ich sehr wahrscheinlich enttäuscht. Wenn ich erwarte, dass meine Frau mit mir Höhlentauchen geht oder dass mein Mann mit mir mit dem Fahrrad durch Afrika fährt, wird die Partnerwahl schwierig.

Wenn ich von meinen Freunden erwarte, dass sie mit fünfzig noch genauso um die Häuser ziehen wie früher, werde ich sicher auch die eine oder andere Absage bekommen.

Ein klassischer Fall ist die Affäre mit dem verheirateten Mann, der immer wieder verspricht, sich von seiner Frau zu trennen, es aber nie tut. Er füttert die Hoffnung, sodass seine Geliebte in der Erwartungshaltung lebt, ihr Traum vom gemeinsamen Glück könnte Wirklichkeit werden.

Wenn ich meine Erwartungshaltung nicht an die Realität anpasse, erlebe ich eine permanente Enttäuschung. Erwartungen aufzugeben, die wiederholt nicht erfüllt werden, ist schwer, aber ein Zeichen für Lernfähigkeit und Weiterentwicklung.

Wenn ich ein paarmal enttäuscht wurde, weil sich meine Schwester nicht entschuldigt hat, dann sollte ich das von ihr auch nicht mehr erwarten. Wenn sich mein Kumpel nicht so oft meldet, wie ich das gerne hätte, dann bringt es nur Unzufriedenheit, wenn ich weiter darauf hoffe. Wenn ich davon ausgehe, dass der Urlaub ein einziger Honeymoon wird und alle Probleme des Alltags vergessen sind, kommt schnell das böse Erwachen. Ebenso, wenn ich der Meinung bin, dass Weihnachten alles harmonisch und gechillt ablaufen muss, obwohl wir viele Termine haben und ich noch auf die Idee gekommen bin, ein aufwendiges Menü zu kochen.

Auch wenn ich meine Erwartungen immer wieder an die Realität anpasse, kann ich Enttäuschungen nicht zu hundert Prozent verhindern.

Vor ein paar Jahren klingelte es. Ein junger Mann stand an der Haustür und stellte sich als ein Nachbar vor, der in einer Notsituation war. Ich hatte ihn noch nie gesehen. Aber wir wohnten noch nicht so lange dort und es war eine Straße mit vielen Mehrfamilienhäusern. Er erzählte mir eine wirre Geschichte über einen Hausschlüssel, den er in seinem verschlossenen Auto hatte liegen lassen. Und um den Ersatzschlüssel zu holen, müsse er mit der Bahn fahren, ob ich ihm Geld für das Ticket geben könne. Obwohl meine innere Stimme mir leise zuflüsterte, dass das unglaubwürdig klang und da auch ein Hauch Alkoholfahne in der Luft lag, wollte ich einem Nachbarn in Not helfen und gab dem Mann 20 Euro. Kaum war er weg, dämmerte mir, dass das alles nicht zusammenpasste und ich einem Betrüger aufgesessen war. Ich rief bei der Polizei an. Wie sich herausstellte, hatte der Mann an diesem Tag in unserem Viertel einige Leute übers Ohr gehauen.

Ich war enttäuscht von mir und ärgerte mich, dass ich so dumm gewesen war. Anstatt wie erwartet etwas Gutes zu tun, worüber ich mich hätte freuen können, hatte ich mich zum Narren halten lassen. Als ich zur Polizeiwache fuhr, um Fotos von Verdächtigen anzusehen, sagte mir der zuständige Kommissar: »Sie wollten einem Nachbarn helfen. Es wäre traurig, wenn das niemand mehr machen würde, aus Angst, auf einen Betrüger reinzufallen.«

Das fand ich sehr nett von dem Polizisten und er hatte recht. In einer Gesellschaft, in der man jedem, der Hilfe braucht, die Tür vor der Nase zuknallt, würde ich auch nicht gerne leben. Ich fühlte mich gleich besser. Natürlich nahm ich mir trotzdem vor, in Zukunft sorgfältiger zu prüfen, ob ich einem Fremden Geld geben möchte. Und auf meine innere Stimme werde ich auch mehr hören. Sie hatte mich nämlich gewarnt, ich hatte es nur nicht ernst genommen.

Es liegt an uns, wie wir mit der Enttäuschung umgehen. *Wir haben es in der Hand, was wir daraus machen.*

Kritisieren wir uns selbst, hadern mit unseren Entscheidungen, lassen Selbstzweifel und Ängste aufkommen? Werden wir frustriert und mutlos und lassen es beim nächsten Mal sein und versuchen es erst gar nicht? Oder lernen wir daraus und wandeln die Enttäuschung sogar in Ansporn um?

»Die Kunst ist, einmal mehr aufzustehen, als man umgeworfen wird«, hat Winston Churchill gesagt. Ich mag auch den Postkartenspruch: Hinfallen, aufstehen, Krone richten, weitergehen.

Das funktioniert, wenn ich eine enttäuschte Erwartung nicht als Fehlschlag bewerte, als Niederlage, die ich mir selbst und meinen mangelnden Fähigkeiten zuzuschreiben habe. Sondern als Erfahrung, die mir aufzeigt, wie ich mich verändern muss, um besser handeln oder vernünftiger denken zu können. Dann hat die Enttäuschung sogar einen Sinn, weil sie mir beim Update für meine Erwartungshaltung hilft. Wenn ich weiß, dass ich Enttäuschungen gut verkraften kann, wage ich mich an mehr Herausforderungen. Dann kann ich auch höhere Ziele anstreben, weil ich mich von einem Misserfolg nicht aus der Bahn werfen lasse.

Auch die Begeisterung, wenn etwas noch besser läuft als erwartet, verändert meine Erwartungshaltung. Wenn ich tatsächlich aus Hunderten Bewerbern für den begehrten Job ausgewählt werde, zeigt mir das, dass ich es schaffen kann. Wenn mein Clip viral geht, ich einen Konflikt gut gelöst habe, wenn ich zum Sport gegangen bin und dort Spaß hatte, ich die schwierige Prüfung doch bestanden habe oder meine Soloreise nach Madrid einfach toll war, obwohl ich solche Bedenken hatte – dann spornen mich diese Erfolge an, weitere Ziele in Angriff zu nehmen, die ich bis dahin vielleicht außer Reichweite gesehen habe.

Enttäuschte und übertroffene Erwartungen sind Erfahrungswerte, die mir helfen, bessere Entscheidungen zu treffen.

Schwierig finde ich es, die richtige Erwartungshaltung an die eigenen Kinder zu finden. Wir wollen das Beste für sie. Wir wünschen uns, dass sie Erfolg in allen Bereichen haben, und wollen sie vor Schmerz und Enttäuschung bewahren. Die Erfahrung zeigt: Das funktioniert nicht. Das, was wir im Idealfall erwarten, und das, was sie wollen oder können oder sind, stimmt oft nicht überein. Ich kann meinen Kindern nur eine Richtung vorgeben und Leitlinien, an denen sie sich orientieren können. Aber was sie innerhalb dieser Leitlinien machen, das entzieht sich meinem Einfluss. Ich kann meine Kinder in die Musikschule und in den Sportverein bringen. Aber ob mein Sohn ein begnadeter Pianist wird oder meine Tochter die Nationalmannschaft im Schwimmen verstärkt – das liegt nicht in meiner Macht. Ich kann meinen Kindern so gut wie möglich beibringen, wie man sich im sozialen Umfeld benimmt, aber wie viele Freunde sie haben, das kann ich nicht bestimmen.

Gerade für Eltern ist es manchmal sehr schwer zu akzeptieren, dass ihr Kind nicht so erfolgreich, sportlich, ehrgeizig, cool, beliebt ist, wie sie erhofft haben. Aber mit dieser zu hohen Erwartungshaltung mache ich nicht nur mir, sondern auch meinem Kind das Leben schwer. Sich davon zu lösen, bringt Gelassenheit für mich – und meinen Kindern die Gewissheit, dass sie gut sind, genau so, wie sie sind.

Auch in Beziehungen ist es von Zeit zu Zeit notwendig, die Erwartungshaltung an den Partner neu zu justieren. Vorlieben verändern sich, Gewohnheiten schleichen sich ein, vielleicht kommen neue Interessen hinzu, andere Hobbys verlieren ihren Reiz. Sich darüber klarzuwerden, was ich selbst gerne hätte und wie sich der andere den Alltag vorstellt, ist sehr wichtig. Wenn die Erwartungen zu weit auseinandergehen, wird es schwierig, das gemeinsame Leben harmonisch zu gestalten.

»Was erwartest du eigentlich von mir?« ist ein Satz, der öfter in Auseinandersetzungen vorkommt. Oder auch »Du kannst doch nicht von mir erwarten, dass …«

Besser ist es, diese Fragen in Ruhe zu klären.

Wenn mein Mann lieber gemütlich zu Hause bleibt am Wochenende, ich aber gerne etwas Kulturelles unternehmen möchte, sollte er nicht erwarten, dass ich auch die ganze Zeit zu Hause sitze. Wenn er den Feierabend gerne auf dem Golfplatz verbringt, ich aber erwarte, mindestens einmal unter der Woche mit ihm Abend zu essen, müssen wir eine Lösung finden. Wenn man vom anderen zu oft enttäuscht wird, ist die Gefahr sehr groß, dass man sich auseinanderlebt. Gegenseitiges Verständnis für die Bedürfnisse hilft, Kompromisse zu finden und trotz unterschiedlicher Ansichten zusammen glücklich zu sein. Hobbys können unterschiedlich sein, die Erwartungshaltung sollte harmonieren.

35.

WIE GEHE ICH MIT DEN ERWARTUNGEN ANDERER UM?

EIN PAAR ENTTÄUSCHUNGEN MUSS JEDER AUSHALTEN

Sehr oft geraten wir unter Stress, weil wir alle Erwartungen erfüllen wollen, ob im Job oder im Privatleben. Viel von diesem Stress ist jedoch hausgemacht, in Eigenregie produziert. Denn das, was wir den anderen an Erwartungen an uns zuschreiben, sind häufig auch nur Projektionen. Erwartungen, die andere an mich haben, und die Erwartungen, die ich an mich habe, verschmelzen zu einem Erwartungsklumpen, der mich belastet.

Von daher ist als Erstes wichtig: Weiß ich als Fakt, dass jemand etwas Bestimmtes von mir erwartet, oder *denke* ich das nur?

Ich zum Beispiel denke oft nur, andere würden von mir irgendwas erwarten, und fühle mich gehetzt. Wenn ich angekündigt hatte, dass es um sieben Essen gibt, ich aber wegen irgendwas in Zeitverzug gekommen bin, dann fühle ich mich getrieben. Dabei sind alle anderen total entspannt, und es ist kein Problem, wenn es später wird.

Beim Arzt habe ich auch immer das Gefühl, ich stehe unter Zeitdruck, selbst wenn der Arzt keinerlei Andeutungen macht, dass er es eilig hat. Aber da ich allgemein die Erwartung im Kopf habe: »Ärzte sind überlastet, das Wartezimmer ist voll, die Zeit pro Patient darf nicht lang sein«, haspele ich mein Anliegen runter und versuche, mir jede überflüssige Bemerkung zu sparen.

In anderen Fällen reichen kleine Bemerkungen, um in meinem Kopf eine Erwartungshaltung entstehen zu lassen. »Wann kommst du denn mal wieder?«, fragt mein Vater, und ich bekomme sofort ein schlechtes Gewissen, weil ich jetzt ein paar Wochen nicht da war. Vielleicht wollte er aber tatsächlich nur die Information haben, wann ich es mal wieder einrichten kann. Nur ich mache etwas anderes daraus. Das ist fatal, weil eine eingebildete Erwartungshaltung mich genauso unter Druck setzen kann wie eine faktische.

Manche Eltern sagen ganz deutlich, dass sie regelmäßige Besuche erwarten. Wenn das nicht mit meinen eigenen Plänen übereinstimmt, muss ich mir überlegen, wie ich damit umgehen soll. Dauerhaft die eigenen Bedürfnisse hintanzustellen, weil ich anderen Enttäuschungen ersparen möchte, ist dabei nicht gesund.

Die Familie, der Partner, Kolleginnen und Vorgesetzte müssen auch akzeptieren, dass nicht immer alles so geht, wie sie das wollen. Firmen erwarten gerne zu viel von ihren Mitarbeitern, damit sie Kosten einsparen können. Mir zu überlegen, was ich von meinem Job erwarte, von der Arbeitsatmosphäre, von der Arbeitsbelastung, von den Vorgesetzten, ist genauso wichtig wie das, was die Firma von mir erwartet.

Jeder Mensch muss mit Enttäuschungen umgehen lernen und seine Erwartungshaltung anpassen. Nicht nur ich.

36.

WAS IST DER

NÄCHSTE SCHRITT?

BERGE BESTEHEN AUS STEINEN

In meiner Jugend habe ich Leistungssport gemacht, Kanurennsport. Das Training war ziemlich hart. Beim Langstreckentraining standen zum Beispiel dreimal 2000 Meter Zeitfahren auf dem Plan. Ich habe mir immer gesagt, jetzt paddele ich einmal 2000 Meter, danach muss ich nur noch einmal 2000 fahren, dann bin ich schon bei den letzten 2000, und die schaffe ich auch noch. Ich habe mir die Gesamtaufgabe in Einzelaufgaben eingeteilt. Das hat mich motiviert, das Training mit mehr Spaß durchzuziehen.

Dieser Trick funktioniert auch, wenn sich im Alltag Pflichten und Probleme vor mir auftürmen. Wenn ich nämlich alles auf einmal sehe, bis hoch zur Spitze schaue und der gesamte Berg vor mir aufragt, habe ich das Gefühl, ich schaffe das nie. Und wenn dann noch eine Kleinigkeit dazukommt, ich Lebensmittelmotten entdecke, eine Mahnung bekomme für eine Rechnung, die ich schon bezahlt habe, der Abfluss verstopft ist, meine Tante hinfällt und zum Arzt gefahren werden muss, habe ich das Gefühl, dass eine Lawine auf mich zurollt und mich unter ihrer Last begräbt.

Hier hilft es mir, mich auf den nächsten Schritt zu konzentrieren. Nicht die 48 Punkte auf der To-do-Liste zu sehen, sondern nur den einen, der gerade vor mir liegt. Ich konzentriere mich auf die nächstliegende Aufgabe und versuche, den Rest erst einmal zu vergessen. Sonst rattert die To-do-Liste unaufhörlich weiter in meinem Kopf. Während ich Rechnungen bezahle, denke ich ans Fensterputzen, dabei grübele ich übers Essen nach und ob wir den Haussockel neu streichen müssen. Multitasking ist aber auch dann stressig, wenn es nur in den Gedanken stattfindet.

Wenn ich den Berg an Pflichten in Einzelteile zerlege und nicht alle Aufgaben auf einmal im Blick habe, lässt das Gefühl der Überforderung nach. Außerdem lassen sich nach jeder Etappe leichter Pausen einplanen. Und dann schön ein Schritt nach dem anderen – und nach jedem Anstieg verschnaufen. Stehen bleiben und die Aussicht genießen auf das, was schon erledigt ist. Und nicht vergessen, stolz auf mich zu sein. Meine Leistung zu würdigen. Manchmal gibt es auch nach der nächsten Biegung auf einmal eine flache Passage, die man mit großen Schritten durchwandert. Und wenn ich oben angelangt bin, wundere ich mich, wie leicht es war.

37.

KÖNNTE ICH UNTERSTÜTZUNG GEBRAUCHEN?

ALLES ALLEIN SCHAFFEN IST KEINE OLYMPISCHE DISZIPLIN

Meine Freundin Silke hat ihre Arbeitsstunden aufgestockt, weil ihre Söhne jetzt schon selbstständig genug sind, um am Nachmittag auch mal alleine zu sein. Sie arbeitet jetzt fast so viel wie ihr Mann. Aber die Aufteilung der Hausarbeit stammt noch aus der Elternzeit, als Silke im Job pausiert hat. Was bedeutet: Wenn Silke aus dem Büro nach Hause kommt, kümmert sie sich nicht nur um die beiden Söhne, sondern auch um die Wäsche, das Putzen, Kochen, Einkaufen und was sonst noch anfällt. Ein klassisches Szenario. Eine Arbeitsaufteilung, die am Anfang gerecht war, gerät durch neue Umstände in Schieflage. Oder eine Situation, die anfangs zu bewältigen war, wird irgendwann unerträglich. Weil immer mehr Aufgaben dazukommen, Unterstützung auf einmal wegfällt oder gesundheitliche Einschränkungen hinzukommen und Dynamik in die Sache bringen.

Aus einer Belastung wird eine Überlastung.

Bei der Pflege von Angehörigen zum Beispiel kommt oft der Punkt, an dem es für eine Person alleine nicht mehr zu schaffen ist. Wobei dieser Moment individuell ganz verschieden ist. Der eine kann mehr verkraften als die andere. Dennoch gehen viele Leute über diesen Punkt hinaus, bis zu dem sie sich noch wohlfühlen, ob bei Alltagspflichten, in der Pflege, bei ehrenamtlichen Arbeiten oder im Job. Sie ignorieren den Moment, ab dem sie in den roten Bereich kommen, was ihre eigenen Kräfte und ihre eigene Gesundheit betrifft.

Ich neige auch dazu, mir zu viel vorzunehmen. Beziehungsweise habe ich den Anspruch, es (wie bisher auch) alleine zu schaffen. Die Gewohnheit setzt den Maßstab. Auch bei den anderen, die mich als Person kennen, die sehr viel alleine schafft. Doch ich stelle immer öfter fest: Ich könnte es vielleicht schaffen. Aber ich bin nicht mehr bereit dazu. Es tut mir einfach nicht gut.

Deswegen habe ich mir angewöhnt, mich nicht zu fragen, ob ich das alleine schaffen kann. Denn das könnte ich, wenn ich eben keine Pause mache und immer so weiterackere. Die sinnvollere Frage ist: *Wäre es gut, wenn mir jemand hilft?* Oder eben auch: *Könnte ich Unterstützung gebrauchen?*

Diese Antwort ist viel eher: Ja, es wäre schön, wenn ich Hilfe hätte. Wenn ich nicht alleine verantwortlich wäre. Wenn mir einer unter die Arme greifen und einen Teil abnehmen würde.

Wenn ich das erkannt habe, muss ich es im zweiten Schritt natürlich mitteilen. Es nützt nichts, mit Leidensmiene durchs Haus oder das Büro zu schleichen und darauf zu warten, dass mir jemand meinen Wunsch von den Augen abliest und Hilfe anbietet. Wenn meine Familie, mein Arbeitgeber, meine Freundinnen oder Vereinskollegen es so kennen, dass ich bestimmte Sachen in Eigenregie erledige, kommt selten jemand auf die Idee, mir von selbst Arbeit abzunehmen. Wenn ich das bisher gerne allein gemacht habe, wie können sie ahnen, dass sie jetzt gebraucht werden?

Viele zögern auch, sich Hilfe zu suchen, weil sie es unangenehm finden. Weil sie sich als Bittsteller vorkommen. Weil es ihren eigenen Erwartungen nicht entspricht. Und weil es sich wie ein Scheitern anfühlt. Dabei ist es keine Schande, um Unterstützung zu bitten. Es ist auch kein persönliches Versagen, sich einzugestehen, ich schaffe das nicht (mehr). Im Gegenteil. Es ist ein notwendiger Selbstschutz. Dauerhafte Überlastung führt ins Unglück. Oder will ich erst darauf warten, dass ich weinend zusammenbreche oder irgendeine Katastrophe eintritt? Nein. Hilfe suchen, Unterstützung einfordern, immer wenn es nötig ist. Bei der Familie, Freunden oder eben im professionellen Bereich, bei Psychologen, Coaches, Pflegediensten oder wo auch immer ich Bedarf habe. Und wenn es in diesem Bereich keine Hilfe gibt oder ich etwas partout nicht aus der Hand geben will, dann muss ich eben an anderer Stelle mein Engagement runterfahren. Aufgaben abgeben. Oder eben selbst auch einmal ablehnen, wenn mich jemand um Unterstützung bittet. Und Nein sagen.

38.

WAS PASSIERT, WENN ICH NEIN SAGE?

DER FLUCH IST EIN SEGEN

Obwohl das Wort *Nein* so kurz ist, gehört es für viele zu den am schwierigsten auszusprechenden Wörtern der Welt, noch vor *Staphylinidae* (auch bekannt als »Kurzflügler«, eine der größten Käferfamilien).

Meine Freundin Daniela hat zu all ihren Aufgaben noch vertretungsweise das Leichtathletiktraining übernommen, solange die Trainerin eine Fortbildung macht. Aber irgendwie scheint die Trainerin immer neue Verpflichtungen zu haben, die sie davon abhalten zurückzukehren. Daniela reibt sich total auf zwischen ihrem Job, der kranken Schwiegermutter, Haus, Kindern und Ehrenamt. Sie würde sehr gerne wieder aufhören, das Training zu leiten. Aber sie sagt, sie könne das nicht. »Dann fällt das Training der Jugendmannschaft aus«, seufzte sie erschöpft, als ich sie neulich traf, »und das wäre ja schlimm für die Kids.«

»Hast du denn mal probiert, mit dem Jugendleiter zu sprechen?«, fragte ich.

»Natürlich. Aber als er gefragt hat, ob ich es nicht noch ein bisschen weitermachen kann, habe ich Ja gesagt.«

Ihre Einstellung ist natürlich ehrenvoll. Aber auf Dauer selbstschädigend.

Gründe, warum das Neinsagen so schwerfällt, gibt es viele. Manche haben das Gefühl, sich aus der Verantwortung zu stehlen, Leute hängen zu lassen, nicht nett genug zu sein oder anderen Erwartungen nicht zu entsprechen. Im Freizeitbereich kommt noch die Angst hinzu, irgendetwas zu verpassen. (Dafür gibt es mittlerweile sogar einen Fachausdruck: FOMO – Fear of missing out. Eine Art Erlebnisdruck, der besonders durch soziale Medien hervorgerufen wird.)

Anja zum Beispiel ist die Königin der Doppelverabredungen. Sie kommt auf Partys später oder geht früher, weil sie noch einen zweiten Termin hat. Bei der Geburtstagsfeier unserer Kollegin Jasmin musste sie früher weg, weil sie noch zu einer Party von Rainers Laufgruppe gefahren ist. Wenn sie zum Sonntagskaffee kommt, geht sie später noch ins Kino. Sie guckt dauernd auf die Uhr und beschwert sich über ihren Freizeitstress. Als ich ihr neulich sagte, dass sie sich die Termine ja freiwillig so legt, hat sie mich groß angeguckt. »Aber ich kann doch nicht einfach absagen, wenn mich jemand einlädt.«

Natürlich kann sie das. Sie kann Nein sagen. Sie ist nur nicht bereit dazu.

Silke fällt es schwer, ihrem Sohn den Taschengeldvorschuss zu verweigern. Was bedeutet, dass er im Mai schon Taschengeld für August bekommt. »Er hat ja immer so schöne Sachen vor«, sagt sie entschuldigend. Dass er so nicht lernt, mit seinem Geld umzugehen, ist ihr auch klar. Trotzdem sagt sie immer wieder Ja.

Nein sagen fällt leichter, wenn ich Gelegenheit habe, die Frage zu überdenken. Dazu ist es auch in Ordnung, um Bedenkzeit zu bitten. »Ich überlege es mir und sage dir Bescheid.« Oder: »Ich muss ein paar Sachen klären und gucken, ob es passt. Ich melde mich dazu.«

Dann habe ich die Gelegenheit, eine Kosten-Nutzen-Analyse zu machen, die mir hilft, zu einer klaren Entscheidung zu kommen. Was *kostet* es mich, der Bitte (nicht) nachzukommen? Was *nutzt* es mir, der Bitte (nicht) nachzukommen?

Wenn ich zu einer Entscheidung gekommen bin, sollte ich diese auch befolgen. Wenn ich Nein sagen möchte, sollte ich mich nicht doch noch überreden lassen. Dabei helfen klare Formulierungen, meinen Standpunkt deutlich zu machen. Anstatt lang rumzuschwurbeln, welche Gründe dagegensprechen, teile ich meine Entscheidung freundlich, aber bestimmt mit: »Nein. Es tut mir leid, aber das geht nicht.« Oder: »Nein. Ich würde dir gerne helfen, aber das ist im Moment nicht machbar.«

Wenn der andere versucht, mich zu überreden, sollte ich mich auf keinen Fall in eine Diskussion verstricken lassen. Nicht das Ziel aus den Augen verlieren. Der kleine Halbsatz »Wie auch immer« hilft, Überredungsversuchen zu trotzen. »Wie auch immer. Ich werde nicht dabei sein.«

Eine Entscheidung treffen. Konsequent bleiben. Klare Formulierungen benutzen. Eine Erklärung geben, warum etwas nicht geht, aber keine ausufernden Rechtfertigungen vorbringen. Sich nicht überreden lassen.

Und sich vor allem sagen: Ich darf Nein sagen. Das verschafft mir auch innere Klarheit und die Standfestigkeit, bei meiner Position zu bleiben.

Neulich fiel uns im Büro auf, dass unsere Chefin immer Anja und mich anspricht, wenn es irgendwelche Deppenjobs zu vergeben gibt. Wie die Betreuung des Sommerfestes der Redaktion. Warum? Weil wir am wenigsten Widerstand leisten. Dirk sagt knapp: »Geht nicht.« Jasmin sagt einfach nur: »Sorry, muss passen.«

Nur Anja und ich labern uns um Kopf und Kragen, warum wir nicht die beste Wahl sind für den Job, weil wir so viel anderes zu tun haben – und schwupps bestimmt die Chefin, dass wir es machen sollen. Seit dem letzten Bowlingabend trainieren wir unsere Neinsagefähigkeiten. Als es darum ging, das Wichteln im Büro zu organisieren, haben Anja und ich es durchgezogen. Wir sind mit unserem Nein durchgekommen! Dirk und Jasmin müssen es machen. Ihnen hat nicht mal das Nein was genutzt, weil wir darauf hingewiesen haben, dass sie es noch nie gemacht haben. Anja und ich haben anschließend auf dem Weihnachtsmarkt bei Glühwein gefeiert, so stolz waren wir auf uns. Nein sagen können gehört definitiv zu den Must-haves unter den Eigenschaften.

39.

HABE ICH LUST DAZU?

ÖFTER MACHEN, WAS ICH WIRKLICH WILL

Unser Pflichtbewusstsein, unsere Anpassungsfähigkeit und Kompromissbereitschaft bringen uns dazu, nicht nur unsere festgelegten Aufgaben zu erfüllen, sondern noch jede Menge mehr, die eigentlich unter »freiwillig« fallen sollten. Die aber oft gar nicht so freiwillig sind, sondern fast ein Befehl unserer Erwartungshaltung, die fordert, dass wir nicht nur die Pflicht erfüllen, sondern auch die Kür. Wir wollen besonders nett, aktiv, fürsorglich, lustig, sportlich, engagiert sein und willigen in Freizeitunternehmungen und Verabredungen ein, verrichten besondere Leistungen in Küche, Haushalt oder für die Familie. Wir kutschieren die Kinder durch die Gegend, obwohl sie auch Bus fahren könnten, backen für die Familie am Sonntag Kuchen, obwohl gekaufte Kekse auch reichen würden, gehen mit dem Freund in den neuen Kaurismäki-Film, obwohl wir lieber Marvel gucken würden, verrichten unser Sportprogramm, selbst wenn uns danach ist, auf der Couch herumzuhängen. Wir willigen in den Ausflug ein und fahren zum siebten Mal in den Zoo, verbringen Nachmittage auf dem Spielplatz, weil es den Kindern guttut, besuchen am Wochenende die Eltern, damit sie sich nicht vernachlässigt fühlen, und leihen der Freundin das Ohr, wenn sie sich mal wieder über ihre Nachbarin beschwert. Natürlich ist das alles lobens- und liebenswert. Und es heißt ja auch nicht, dass wir das nie mehr machen wollen, nur weil es Mühe macht. Nur darf ich mich nicht vergessen. Ab und zu sollte ich mich auch mal fragen, was *ich* eigentlich machen möchte. Antworten darf darauf aber nicht das Erwartungshaltungs-Ich, sondern das andere Ich, die innere Stimme, die genau weiß, was ich jetzt brauche.

Und dafür ist die Frage »Habe ich Lust dazu?« geeignet. Denn auch wir dürfen ab und zu das machen, worauf wir Lust haben.

Und nicht nur das, was wir machen müssen oder sollen oder von dem wir denken, dass wir es müssen oder sollen. Und wenn ich zu dem Schluss gekommen bin, dass ich heute mal keine Lust auf Mama-Taxi, Sport-Buddy, Elternbesuche, Yoga, Kuchenbacken, Putzen, Ausgehen oder sonst irgendwas habe – dann sollte ich es mir zugestehen, es nicht zu tun. Und zwar ganz einfach mit dem Zauberspruch: Ich habe keine Lust dazu. Keine Rechtfertigungen. Keine Ausreden. Stattdessen einfach mal das machen, was ich wirklich will. Zum Beispiel etwas sehr Wichtiges: nichts.

FRAGEN, DIE ICH MIR NICHT STELLEN SOLLTE

WIESO HABE ICH NICHT ALLES ANDERS GEMACHT?

Diese Frage ist in zweierlei Hinsicht ein Fehler. Erstens, weil »alles« sowieso viel zu pauschal ist und aus dem Vokabular der Kritik gestrichen gehört. Zweitens, weil es keinen Sinn ergibt, eine Entscheidung infrage zu stellen, nachdem sie längst gefallen ist.

Das muss ich mir allerdings auch immer wieder ins Gedächtnis rufen. Zum Beispiel, wenn ich in die Stadt fahre. Es führen zwei Wege zum Ziel: einer über eine Umgehungsstraße, der andere durch den Ort. Wenn ich mich für die Umgehungsstraße entschieden habe, kann es passieren, dass ich hinter einem Trecker festhänge. Prompt fange ich an zu überlegen, ob ich nicht doch besser den Weg durch den Ort genommen hätte. Hätte, hätte, Gedankenkette … Was für eine Energieverschwendung! Mag sein, dass ich heute auf der anderen Strecke ein paar Sekunden schneller gewesen wäre. Es kann auch sein, dass ich dort minutenlang hinter einem Lkw hätte warten müssen, bis er ausgeladen wurde. *So oder so – ich kann meine Entscheidung nicht mehr rückgängig machen, sosehr ich auch darüber nachgrübele.*

Das Gleiche ist die Sache mit der Supermarktkasse. Ich stehe immer an der falschen, sagt mir mein Gefühl. Dabei empfinde ich nur die Male, wo meine Schlange so langsam vorrückt, stärker. Negative Empfindungen graben sich tiefer ein als positive. Am Ende ist es sowieso egal. Ich bin sicher, bei einer statistischen Messung über ein Jahr würde herauskommen, dass meine Kassenschlangenwartezeit genau im Durchschnitt liegt. Mit anderen Worten: *Oft denken wir nur, dass eine andere Entscheidung zu einem besseren Ergebnis geführt hätte.*

Das Rockfestival, das wir verpasst haben, um zu einer Geburtstagsfeier zu fahren, erscheint auf einmal wie das Event des Jahrzehnts. Der Job, den ich nicht angenommen, der Auslandsaufenthalt, den ich doch nicht gemacht, der nette Typ in der Bar, den ich nicht angesprochen habe, die Kneipentour, bei der ich nicht mehr mitgegangen bin – all das bekommt in unserer Vorstellung fantastische Ausmaße. Wir malen uns aus, wie viel schöner und erfolgreicher und glücklicher wir gewesen wären, wenn wir es doch gemacht hätten.

Wenn ein Fehler passiert ist, hadern wir auch. Warum habe ich dem Chef nicht gleich gesagt, dass ich das nicht schaffen kann, wieso bin ich so lange in dieser Beziehung geblieben, obwohl ich so unglücklich war, weshalb habe ich nicht noch mal überlegt, bevor ich die verhängnisvolle E-Mail abgeschickt habe? Wir machen uns Vorwürfe, ärgern uns, zerfleischen uns selbst. Auch das bringt nichts.

Hadern ist eine Station auf dem Weg in die Verbitterung. Ich finde sowieso, dass wir wegkommen sollten von der Fehlerkultur hin zur Verbesserungskultur. Nicht: Warum habe ich das nur falsch gemacht? Sondern: Wie kann ich es ab jetzt besser machen?

Der Fehler ist passiert. Er lässt sich nicht wieder entfehlern. Verpasste Gelegenheiten lassen sich nicht nachträglich aufholen. Getroffene Entscheidungen nicht rückgängig machen. Deswegen sollte ich mich nicht über entgangene Möglichkeiten grämen, sondern schauen, welche positiven Erlebnisse oder Erfahrungen ich durch meine Entscheidung gewonnen habe, die mir helfen, mein Leben jetzt besser zu gestalten.

40.

KANN ICH DAS

AUCH ALLEIN?

SOLOUNTERNEHMUNGEN BEREICHERN DAS LEBEN

Meine Freundin Nicole hat immer darauf gewartet, dass ihr Freund ihr einen Waschbeckenunterschrank aufbaut. Er hatte es mit großem Tamtam versprochen. Doch jedes Mal, wenn ich Nicole besuchte, lag er noch originalverpackt im Keller. (Der Schrank, nicht der Freund.) Erst nachdem sie sich von Jens getrennt hatte, hat sie endlich ihren Waschbeckenschrank im Bad bekommen. Sie hat ihn einfach selbst aufgebaut.

Anja versucht seit geraumer Zeit, Rainer dazu zu kriegen, mit ihr einen Tanzkurs zu machen. Dann hat sie den Solotanzkurs entdeckt und ist alleine hingegangen.

Silke wollte schon lange anfangen, für die Familie in Aktien zu investieren, aber ihr Mann hatte nie Zeit, sich damit zu beschäftigen. Jetzt hat sie sich ihren ersten ETF-Sparplan gemacht und ist sehr stolz auf sich.

Nikos möchte seit Jahren in die Karibik fliegen, aber sein Freund will nicht. Jetzt hat er sich einfach ein Ticket gekauft und ist alleine los.

Wenn ich immer darauf warte, dass ein anderer mitkommt oder etwas für mich oder mit mir macht, kann es sein, dass ich sehr viel Zeit vergeude und jede Menge Gelegenheiten verpasse.

Natürlich gibt es Unternehmungen, die zu zweit mehr Spaß machen, aber es gibt mir einfach unglaublich viel Freiheit, wenn ich bereit bin, es auch allein zu wagen. Das Gefühl, selbstständig und unabhängig agieren zu können, ist großartig. Wenn ich nicht auf Begleitung angewiesen bin, kann ich meinen Interessen nachgehen. Und auch mal ganz spontan etwas unternehmen. Natürlich ist es am Anfang ungewohnt und fühlt sich seltsam an. Was denken die anderen, frage ich mich. Was soll ich denn da machen, wenn ich mit niemandem reden kann? Aber ich weiß aus eigener Erfahrung, dass es sich nur am Anfang seltsam anfühlt. Weswegen für den Start in die Solounternehmungen kleinere Unternehmungen wie Spaziergänge, Museum oder Kino ideal sind. Aber wenn ich mich erst daran gewöhnt habe, steht mir die Welt offen.

41.

GEHT DIE WELT
DAVON UNTER?

DIE BERUHIGUNGSPILLE FÜR JEDES WEHWEHCHEN

Liebeskummer und Knöllchen. Übergekochte Kartoffeln, Loch im Schuh, eine ausgefallene Heizung, ein unbedachtes Posting, ein Fehler bei der Arbeit, den Geburtstag der Freundin vergessen oder gleich den Hochzeitstag, Beule ins Auto gefahren, Knöchel verrenkt, Zahnschmerzen. Ist das schön? Nein, natürlich nicht. Geht die Welt davon unter? Eben auch nicht. Die alte Frage, die meine Oma schon immer gestellt hat, ist ein echtes Allroundtalent, um die Perspektive wieder geradezurücken, wenn ich mal wieder das Gefühl habe, alles läuft schief. Solange niemand ernsthaft zu Schaden kommt, ist alles nur halb so wild.

42.

WAS IST DAS POSITIVE DARAN?

MANCHE BLUMEN BLÜHEN IM VERBORGENEN

Der Kühlschrank war ausgefallen, als ich von der Wochenendreise nach Hause kam. Als ich ihn aufmachte, schlug mir der stechende Geruch des Camemberts entgegen. Die Zucchini waren vergammelt, das Hackfleisch verdorben, die Milch schlecht geworden. »Kann ich alles in die Tonne kloppen«, dachte ich. Genauso fühlen sich manche Tage an. Irgendwie ist der Wurm drin, so kommt es uns vor, und am Abend sagt man: »Heute war alles doof. Mir geht es schlecht.«

Dabei stimmt das fast nie. Deswegen lohnt es sich, genauer hinzuschauen. In meinem Kühlschrank waren die Paprika noch prall, die Marmelade noch gut und die Currypasten sowieso. Es war nicht alles verdorben. Und genauso ist es an fast allen Tagen: Es gibt irgendwas, was gut war.

Bevor ich mich also im übellaunigen Frust aufs Sofa haue, lieber einmal überlegen: Was war schön heute? Vielleicht war es nur eine Kleinigkeit. Die Chefin hat einen Witz gemacht, der sogar lustig war. Ich habe einen guten Parkplatz gefunden. Das Brötchen in der Mittagspause war besonders lecker. Mein Mann hat mir ein Kompliment gemacht. Die Kinder haben freiwillig die Spülmaschine ausgeräumt. Mit dem Blick auf die positiven Dinge geht es mir gleich besser.

FRAGEN, DIE ICH MIR NICHT STELLEN SOLLTE

BIN ICH NICHT EH SCHON ZU ALT, UM MICH ZU ÄNDERN?

Wissenschaftler haben sich in den letzten Jahren mit der Frage beschäftigt, wie viel Sinn es ergibt, auch im hohen Alter noch mit

Sport anzufangen. Und sie haben nachweisen können, dass körperliches Training sich immer lohnt – egal, wie alt man ist. Ob 60, 70 oder sogar 80 – Bewegung ist gesund und hält fit.

Auch in anderen Bereichen ist es nie zu spät, um Neues zu lernen, seine Gewohnheiten zu ändern oder endlich die Sachen zu machen, die man schon immer machen wollte. Oft geht es dabei gar nicht um große Veränderungen. Manchmal reicht es schon, einen Schritt zur Seite zu gehen, um dem Hindernis auszuweichen.

Der Metzger meines Vertrauens musste sein Geschäft aufgeben, weil er keinen Nachfolger gefunden hatte. Er hatte es über vier Jahrzehnte mit Leidenschaft betrieben, ein großartiger Typ, der immer dicke Fleischwurststücke an die Kinder verteilte. Traurig stand er hinter seiner Theke und erzählte, wie schwer seine Frau und er es nehmen würden. Ich sagte: »Wenn es nicht schön gewesen wäre, würde es Ihnen jetzt leichtfallen. Für mich sieht es so aus, als hätten Sie alles richtig gemacht.« Er blickte mich erstaunt an. »So habe ich das noch gar nicht gesehen.« Ein Lächeln stahl sich auf sein Gesicht. Manchmal macht schon ein kleiner Perspektivenwechsel den Unterschied. Und dafür ist man sowieso nie zu alt.

43.

WAS IST JETZT
WICHTIGER?

CARPE MOMENTUM

Was ist wichtiger, meine Gesundheit oder ein zufriedener Chef?

Meine Kinder oder mein Instagram-Profil?

Mein Ehemann oder der Stress auf der Arbeit?

Meine Freundin oder geputzte Fenster?

Eine Pause zur richtigen Zeit oder die To-do-Liste?

Ein Foto für die WhatsApp-Gruppe oder den Ausblick genießen?

Meine Geschwister oder irgendwelche Bekannten?

Die Textnachricht eines Nachbarn oder meine Tochter, die vor mir steht und von ihrem Tag in der Schule erzählt?

Natürlich wissen wir, was die richtige Antwort ist. Aber wir handeln oft nicht danach. Wir rasen durch unseren Tag von einer Pflicht zur anderen. Aber auch in der Freizeit lassen wir nicht locker, Hausarbeit, einkaufen, Freunde treffen, Kinder abholen, Fernsehen, Abendessen mit der Familie. Aber ganz oft ist es so, dass wir dabei nicht bei der Sache sind. Wir sitzen am Tisch, sind mit unseren Gedanken aber woanders. Wir schauen aufs Handy, lassen uns von Nachrichten ablenken, hören nicht zu, reden aneinander vorbei, achten nicht auf unsere Lieblingsmenschen, schauen sie an und sehen doch etwas anderes. Wir sind anwesend und doch nicht da. Unser Körper ist hier, aber unser Kopf in der Ferne. Und dann wundern wir uns, wo die Zeit geblieben ist. Sie ist an uns vorbeigerauscht. Das Tempo unseres Lebens ist im wahrsten Sinne des Wortes atemberaubend.

Wir können es nur verlangsamen, indem wir bewusster leben. Öfter mal innehalten. Uns überlegen, was jetzt in diesem Moment wichtiger ist.

Jede Yogaübung beginnt mit dem Ankommen in der Situation und im eigenen Körper. Damit, sich darauf zu konzentrieren, wo man gerade ist. Man braucht kein Yogi zu werden, um diese kleine Übung in den Alltag zu integrieren. Sie tut nämlich auch am Schreibtisch gut oder wenn ich Kaffee mache oder rausgehe zu den Mülltonnen. Einfach mal kurz innehalten, mir bewusst machen, wo ich bin. Was sehe ich, was höre ich, was fühle ich?

Ein paarmal tief durchatmen und den Moment wahrnehmen. Das reicht manchmal schon, um achtsamer zu werden.

Und eine Frage, finde ich, sollte auf jeder To-do-Liste stehen:

»Wann mache ich heute etwas für mich?« Das kann eine Kleinigkeit sein, die mir guttut. Kaffee in der Sonne. Ein Spaziergang. Zum Lieblingslied in der Küche tanzen. Auf dem Balkon die Blumen beobachten. Dem Regen lauschen. In Ruhe Nachrichten lesen. Ein Bad nehmen. Ich kann mir auch für ein paar Minuten einen Ort im Kopf suchen, mit dem ich positive Gefühle verknüpfe. Ein Lieblingsplatz aus dem Urlaub oder in der Fantasie.

Wir haben immer nur diesen Moment. Und jeder Augenblick ist einzigartig. Wir müssen ihn nur wahrnehmen.

44.

MUSS ERST ALLES
PERFEKT SEIN?

GLÜCKLICHSEIN IST JEDERZEIT ERLAUBT

»Muss erst alles perfekt sein?«. Rhetorische Frage – nein, natürlich nicht. Wenn ich darauf warte, dass in allen Lebensbereichen alles super ist, werde ich nie glücklich werden. Glücklichsein ist wie Rohkost: auch zwischendurch jederzeit erlaubt.

Manche denken: »Wenn ich erst den neuen Job angetreten, fünf Kilo abgenommen, die Nasen-OP gemacht, soundsoviel Likes bekommen, den Traumpartner gefunden, die Prüfung hinter mir, das Wochenende erreicht habe, dann bin ich glücklich.« Aber so funktioniert das eben nicht. Glück stellt keine Bedingungen.

Wenn wir uns auf eine Sache verlassen können, dann darauf, dass immer irgendwas ist. Irgendeine unerwartete Störung wird kommen, das zeigt die Erfahrung. Wenn ich das Glücklichsein verschiebe auf eine perfekte Harmonie in allen Lebensbereichen, werde ich nie glücklich werden. Und verpasse eine Menge toller Momente voller Zufriedenheit!

Glück ist auch eine Einstellungssache. Dazu muss ich selbst meinen Glückszustand aktivieren, unabhängig von den Gegebenheiten. Ich kann das, indem ich den Dingen in meinem Leben einen Wert gebe. Ich klebe sozusagen jeder Situation ein Etikett auf. Und da habe ich die freie Auswahl von den langweiligen grauen Etiketten bis zu den glitzernden in allen Regenbogenfarben, auf denen steht: Glücklichsein ist erlaubt!

ANMERKUNGEN

1 Robert McKee, Story - Die Prinzipien des Drehbuchschreibens, Alexander Verlag Berlin, 2000. S. 166

2 Vgl. Peter Fischer et al., Sozialpsychologie für Bachelor, Springer, 2013, S. 19–34

3 Anja von Kanitz, Emotionale Intelligenz, Haufe, 2021, S. 19

4 Paul Ekman, Gefühle lesen: Wie Sie Ihre Emotionen erkennen und richtig interpretieren, Springer, 2017, S. 44 ff.

5 ebd., S. 56

6 Epiktet, Handbüchlein der Lebenskunst, Nikol Verlagsgesellschaft, 2028, S. 1

7 Epiktet, Handbüchlein der Moral: Stoische Lebenskunst, Diogenes Verlag, 2022

8 Marc Aurel, Wege zu sich selbst, Pretorian Books, 2019, S. 16

ÜBER DIE AUTORIN

Hanna Dietz, geboren 1969 in Bonn, wollte eigentlich Sportlehrerin werden, musste dann aber feststellen, dass es ziemlich kompliziert ist, Kindern den Felgaufschwung beizubringen, wenn man ihn selbst nicht kann. Also wurde sie Journalistin. 2007 veröffentlichte sie ihren ersten Roman. Mittlerweile hat sie 20 Bücher geschrieben. Mit »Männerkrankheiten« schaffte sie es ganz nach oben auf die »SPIEGEL«-Bestsellerliste.

224 Seiten
17,00 € (D) | 17,50 € (A)
ISBN 978-3-7474-0429-4

Hanna Dietz

Endlich muss ich nicht mehr wollen, was ich alles darf

Wie du entspannst, wenn du niemanden mehr beeindrucken willst

Irgendwann ist Hanna Dietz so geworden, wie sie nie werden wollte: vernünftig. Angepasst. Uncool. Aber sie stellt etwas Verblüffendes fest: Es ist gar nicht schlimm. Es tut kein bisschen weh! Klar, die coolen Zeiten sind vorbei. Aber muss man sich deswegen schlecht fühlen? Keineswegs! Man muss sich nur die kalkfleckenfreie Duschwand anschauen und schon weiß man, dass das Leben total in Ordnung ist. Augenzwinkernd und selbstironisch, aber immer mit liebevollem Blick zeigt sie Leser*innen, dass es trotz aller Uncoolness auch für Erwachsene noch viele aufregende erste Male geben kann: z. B. extra früh aufstehen, um das Discounter-Sonderangebot zu schnappen, oder die Polizei rufen wegen Partylärm aus der Nachbarschaft.

Ein Buch, das sich selbst nicht zu ernst nimmt und Lust auf ein spektakulär spießiges Erwachsenenleben macht.